은퇴한 신학자로서 플로리다에 살고 있는 나에게 이 책은 그 자체로 즐거운 쉼이었다. 성경이 말하는 쉼에 대해 그가 갖고 있는 생각은 아주 멋지다. 그의 글은 풍성하고 명료하며 잘 읽히고 생생하다. 이 책을 읽다 보면 마치 바로 옆에 앉아 이야기하는 듯하다. 애덤은 우리를 향해 예수님 안에서 허락된 하나님의 은혜에 힘입어 살도록 요청한다. 그럴 때 우리는 일로부터 쉬는 것이 아니라 일 속에서 안식을 누릴 수 있을 것이다.

존 프레임, 리폼드 신학교 조직 신학 및 철학 교수, 『자연, 양심, 하나님』 저자

연중무휴로 돌아가는 세상에서 우리는 쉬어야 할 이유와 방법을 잊어 버렸다. 잠은 부족하고 일은 해도해도 끝날 기미가 없다. 관계가 껄끄러워지고 몸은 스트레스로 인한 장애를 겪으며, 무엇보다 예배가 피상적인 수준에 머무르고 만다. 우리에겐 도움이 필요하다. 그리고 애덤 마브리의 이 책이 좋은 처방이 될 것이다. 이 책에서 마브리는 문제의 핵심을 적절히 짚은 다음, 잃어버린 쉼의 예술을 회복하는 데 필수적인 도움을 제공한다.

존 블룸, 디자이어링 갓 공동 창립자, 『믿음, 보이지 않는 것들의 증거』 저자

얼마나 신선한 책인가! 이 책을 읽는 동안 진솔함에 놀라고, 유머에 웃었다가, 성경적 통찰에 감탄했다. 애덤 마브리는 그리스도인을 위한 멋진 선물을 마련했다. 평생 간직할 선물이다. 이 책은 한 번 읽으면 그만인 책이 아니다. 이 책은 정기적으로 펼쳐 읽고 삶에 적용할 만한 보약이다. 나의 경우엔 좀 더 젊었을 때 이 책을 읽었더라면 얼마나 좋았을까 하는 아쉬움이 있을 정도다. 그럼에도 이 책은 천국 갈 날이 얼마 안 남은 이 은퇴자에게도 여전히 삶을 변화시킬 동기를 제공한다. 이 책 덕분에 내 삶은 더 풍성해지고 좋아졌다. 당신의 삶 역시 그렇게 될 것이다. 이 책을 읽어 보라! 그리고 당신이 아는 모든 사람에게 선물하라!

스티브 브라운, 리폼드 신학교 및 녹스 신학교 명예교수, 『하나님을 누리는 기쁨』 저자

우리 시대가 직면한 가장 큰 도전을 다룬 이 책을 읽는 내내 흥미진진했다. 저자가 그 도전 앞에 비참히 실패한 경험이 있었기에 더욱 그렇다. 우리에겐 쉼에 대한 성경적이고 실제적인 통찰이 필요하다. 일에 중독되기 쉬운 우리의 연약함을 유머러스하게 드러내는 이 책은 하나의 선물이다!
스티븐 맨스필드, 〈뉴욕타임즈〉 베스트셀러 작가, 『오바마 새로운 미래 아이콘』 저자

주옥 같은 책이다. 우리 대부분이 그렇듯 애덤 마브리는 분주함이라는 현대 사회의 폭군에 시달리며 살았다. 그랬던 그가 분주함 속에서도 얼마든지 쉽게 읽을 만한 책을 내놓았다. 이 책에서 제시하는 성경적인 쉼의 원리를 따를 때, 우리는 은혜라는 선물을 누리고 하늘을 맛보며 하나님 아버지를 신뢰하게 될 것이다. 이 책이 준 도전과 감동을 독자들과 나누고 싶다!
클레어 히스-와이트, 〈For Richer, for Poorer〉 저자

애덤이 쉼에 대한 책을 쓴다고 했을 때 웃음을 참을 수 없었다. 애덤이 얼마나 일에 파묻혀 살았는지 잘 알고 있기 때문이다. 그의 에너지에는 한계가 없어 보였다. 하지만 그렇기에 애덤은 쉼에 대한 책을 쓰기에 누구보다 적임자일 것이다. 재능 있는 작가인 애덤은 모든 사람에게 필요한 메시지를 전하고 있다. 즉, 쉼은 하나님이 우리에게 주신 귀한 선물이라는 것이다. 이 책을 통해 독자들이 쉼의 아름다움을 누리게 되길 진심으로 기도한다.
스티브 머렐, 에브리네이션 선교회 대표, 〈Making discipels〉 저자

이 놀라운 책에서 애덤 마브리는 그리스도인에게 쉼이 하나의 선택지가 아님을 보여 준다. 쉼은 우리를 위한 부르심이다. 쉼에 대한 성경적 신학을 세심히 고찰한 후, 마브리는 하나님의 부르심을 실제적인 방법으로 적용해 준다. 쉼 없이 돌아가는 세상에서 제대로 쉬는 법을 배우게 될 것이다.
로빈 위키스, 영국 윔블던 임마누엘 교회 목사

이 책은 얇지만 큰 문제를 다룬다. 애덤은 하나님 안에서 우리가 어떻게 쉬고 있는지 돌아보게 해 준다. 강력 추천이다!
에드 스테처, 휘튼 대학 교수, 빌리 그레이엄 센터 의장, 〈Subversive Kingdom〉 저자

애덤 마브리는 사람들 마음을 헤아릴 줄 아는 목회자다. 그는 우리가 힘들게 이고 가는 무거운 짐을 내려놓으라는 예수님의 약속을 붙잡고 모든 이해를 뛰어넘는 평안을 누리라고 우리를 향해 손짓한다.
라이스 브룩스, 에브리네이션 선교회 공동 창립자, 『신은 죽지 않았다』 저자

정신없이 돌아가는 현대 사회의 속도와 일 중독 현상은 교인들의 삶과 교회 문화에도 침투하고 있다. 마브리의 책은 정직한 반성, 신학적 깊이, 실용적 통찰 등으로 가득하다. 마브리는 그저 유용한 조언과 규칙을 제공하는 걸로 그치지 않는다. 그는 우리 마음의 방향을 재설정하고 하나님의 관점에서 쉼을 누리려면 어떻게 해야 하는지 이끌어 준다.
라이오넬 윈저, 시드니 무어 대학 교수, 〈Paul and the vocation of Israel〉 저자

고통과 자유. 이 책은 쉬어야 할 필요를 깨닫는 고통을 준다. 그와 동시에 자유를 향한 길로 기쁘게 한 걸음 내딛게 한다. 분주함이라는 폭군으로부터의 자유, 해야 할 일 목록으로부터의 자유, 그리고 나 자신을 존재가 아닌 행위로 평가하려는 압박감으로부터의 자유를 맛보게 한다.
다니엘 임, 내쉬빌 펠로우십 교회 교육 목사, 『선교적 교회 개척』 저자

우리가 사는 세상은 쉬는 방법을 잊었다. 그러니 발을 쭉 뻗고 편히 앉아 애덤 마브리의 이야기를 들어 보라. 당신의 기억이 새로워질 것이다. 지금은 그의 이야기를 들어야 할 때다.
필 무어, 영국 윔블던 에브리데이 교회 목사, 〈Gagging Jesus〉 저자

아무도 쉬라고 가르치지 않는 세상에 살면서 애덤 마브리는 그 혹독한 결과를 몸소 겪었다. 이 책은 멈추는 것이 왜 그리 어려운지 탐색하고, 우리를 압도하는 빠르고 복잡한 세상에서 쉼의 리듬을 익히라고 요청한다. 목회 사역을 시작할 무렵 이 책을 읽었다면 큰 도움이 되었을 책이다.
마커스 허니셋, 리빙 리더십 대표, 〈Fruitful Leaders〉 저자

하나님이 태초에 사람의 내면에 안식이라는 DNA를 심으신 목적이 무엇인지 이 책을 통해 확인하라. 혹시 그동안의 잘못을 깨달을 때마다 알레르기 반응을 경험했다면, 이 책을 읽기 전에도 항히스타민제를 구비해 두라.
브렛 풀러, 그레이스 커버넌트 교회 목사, 에브리네이션 선교회 북미 지역 담당자

이 책이 던지는 메시지는 분열을 일으킬 것이다. 우리가 당연하게 여겨 왔던 자동 설정된 생활 방식을 통째로 흔들 것이기 때문이다. 개인적으로 저자를 잘 알고 있는 나는 안식의 쉼이 그의 삶을 어떻게 바꿔 놓았는지 잘 알고 있다. 그의 변화를 지켜보며 나는 지도자들이 앞장서서 쉼의 자리로 나아갈 때 지속 가능한 결과가 이어질 것에 대한 소망을 얻었다.
조셉 우미디, 리젠트 대학교 부학장, 〈Jesus the master coach〉 저자

잘 쉰다는 것

The Art of Rest
by Adam Mabry

잘 쉰다는 것

애덤 마브리 지음
김보람 옮김

좋은씨앗

The Art of Rest: Faith to Hit Pause in a World That never Stops

Copyright ⓒ 2018 by Adam Mabry
Published by:
The Good Book Company
Blenheim House, 1 Blenheim Road
Epson, Surrey KT19 9AP
UNITED KINGDOM

This edition is published by arrangement
with The Good Book Company through Wen-Sheuan Sung
All rights reserved.

잘 쉰다는 것

초판 1쇄 발행 2023년 7월 30일

지은이 애덤 마브리
옮긴이 김보람
펴낸이 신은철
펴낸곳 좋은씨앗
출판등록 제4-385호(1999. 12. 21)
주소 서울시 서초구 바우뫼로 156, MJ 빌딩 402호
전화 2057-3041 팩스 2057-3042
페이스북 facebook/goodseedbook
이메일 good-seed21@hanmail.net

ⓒ 좋은씨앗, 2023
ISBN 978-89-5874-390-3 03230

이 한국어판의 저작권은 Wen-Sheuan Sung을 통해 The Good Book Company와 독점 계약한 〈좋은씨앗〉에 있습니다. 신저작권법에 의해 한국 내에서 보호받는 저작물이므로 무단 전재와 무단 복제를 금합니다.

일상탈출을 꿈꾸는 그리스도인에게 찾아온 쉼의 복음

차례

들어가는 글 13

1장_ 쉼의 복음 27

2장_ 쉼은 기억하게 한다 55

3장_ 쉼은 저항이다 83

4장_ 쉼은 관계를 회복시킨다 109

5장_ 쉼은 보상을 준다 137

6장_ 멈추기 시작하라 161

나가는 글 183

참고문헌 196

들어가는 글

나는 멈추지 않는다

어느 날, 쉼에 대해 책을 쓰겠다고 하자 아내가 웃었다.

싱긋 웃은 게 아니었다. 아주 웃긴 이야기를 들었다는 듯 배를 잡고 웃었다. 방금 들은 이야기가 얼마나 말이 안 되는지 알기에 도무지 참을 수 없다는 표정으로.

내가 쉼에 대해 책을 쓴다니, 이건 아이러니한 상황을 모아 놓은 앨라니스 모리셋(Alanis Morissette)의 〈아이러닉〉 가사에 넣어도 될 만큼 말이 안 된다. 당신이 지금 손에 든 이 책에 대해 아내가 웃음을 터뜨린 데에는 두 가지 이유가 있었다. 한 가지는 수긍이 가고, 나머지는 제법 심각하다.

쉬지 못하는 자의 어느 하루

월요일이면 어김없이 우리 집에선 논쟁이 벌어진다. 목회자인 나는 월요일에 쉰다. 우리는 월요일을 다음과 같이 시작하곤 했다……

아침에 일어나면 아내에게 커피를 가져다주며 이렇게 묻는다. "여보, 오늘은 뭘 하고 싶어요?"

"글쎄요, 아함! 그냥 좀 쉴까요?" 아내가 만족스런 표정으로 커피를 홀짝이며 느긋하게 대답한다.

"그래. 좋소." 나는 이렇게 반응한다. "그래서…… 구체적으로 어떻게 쉬고 싶은데요?"

"잘 모르겠어요. 그냥 놀아요, 우리." 아내가 태연하게 대답한다.

이쯤 되면 내 심박수가 올라간다. 미간에 힘이 들어간 걸 보면 마음이 편치 않다는 걸 알 수 있을 텐데……

"그러니까 그냥 놀기 위해 정확히 뭘 하고 싶다는 거요?"

이어서 나는 아내가 말한 대로 그냥 노는 데 도움이 될 만한 활동 목록을 쭉 읊는다. 산책을 한다든지, 보드게임을 한다든지, 책을 읽고 느낌을 얘기한다든지…… 쉬는 건 좋은데, 제발 어떻게 쉴지 계획을 짜면 좋겠다는 거다. 그냥 놀기로 했다면 '놀기'라는 과업을 제대로 해야 하지 않겠는가? 제대로 쉬겠다는 목표를 이루지 못한 채 하루를 보내게 될까 봐 나는 내심 불안해진다.

커피잔 너머로 나를 바라보던 아내가 대답한다. "여보, 나도 뭐 하면서 놀고 싶은지 잘 모르겠어요. 그냥 쉬어요."

아내는 빙긋 미소를 짓는다. 아내에겐 자기가 방금 한 말이 하나도 이상하지 않기 때문이다. 나는 얼굴이 굳는다. 좌절감이 불쑥 올라온다. 아무렇지 않은 척하려 해도 내 표정과 말투에서 감정이 새어 나온다. 일주일마다 찾아오는 휴일에 대한 토론은 계속된다.

결국 진정한 쉼은 못 누리고 만다.

내 문제는 여기 있었다.

나는 '그냥' 쉬지 못한다. 나는 그 무엇도 '그냥' 하지 않는다. 무엇을 하든 제대로 하고 싶다.

하루에 다섯 시간만 잠을 자도 에너지를 충분히 공급받아 많은 일을 해낼 수 있는 사람이 바로 나다. 해야 할 일 목록을 체크하는 게 얼마나 유익한지 나는 안다. 나는 계획과 일정을 짜는 게 재밌다. 심지어 나는 언제 앉아서 계획할지도 계획한다. 계획이 계획을 낳는 것이다! 좀 지나치다고 생각하는가? 그럴지도 모르겠다. 이러한 성격 덕에 효율적으로 사는가? 확실히 그렇다.

지금 사역하고 있는 교회를 개척하기 전, 아내와 나는 사전 평가를 위해 성격 검사와 심리 검사를 받은 적이 있다. 검사 후 여러 전문 상담가 앞에 앉았다. 내 결과지를 보면 활동성, 성취지향성, 공격성 쪽으로 그래프가 완전히 치우쳐 있었고, 이를 보고 상담가들이 꽤나 호들갑스럽게 반응했다.

그리고 이내 그런 나와 함께 살아가는 아내를 향해 위로 가득한 시선을 보내고 있었다……

그렇더라도 나는 결코 쉬지 않는다. 나는 뭐라도 한다.

그렇다면 어쩌다 나 같은 활동가가 쉼에 대한 책을 쓰게 된 걸까? 첫 번째 이유는 이거다. 내가 멈추는 법을 배웠다면 다른 누구라도 배울 수 있다.

그리고 내가 멈추는 법을 배워야 했다면 당신 역시 마찬가지다.

일하다 죽겠다

이 책을 쓰겠다는 말에 아내가 웃음을 터뜨린 두 번째 이유는 꽤나 심각하다. 온갖 활동과 성취 속에 파묻혀 살다가 나는 예기치 못한 결과를 맞이할 뻔했다. 바로 죽음이다.

몇 년 전, 나는 나 스스로를 병들게 하고 말았다. 내가 담임하는 교회는 빠르게 성장하고 있었다. 하지만 막 이사해 들어간 집이 허름했던 탓에 나는 저녁마다 리모델링에 매달려야 했다. 우리 막내 아기는 잠자길 거부했다. 그 위로 세 아이가 더 있는데 우리는 녀석들을 어떻게든 잘 키워보려 애쓰고 있었다. 한마디로 나는 이 결혼생활을 잘 유지하기 위해 내달리고 있었다…… 유지하려……

그렇게 내 세상이 흔들리고 있었다.

밖에서 보면 모든 게 완벽해 보였을 것이다. 훌륭한 직장에 훌륭한 아내와 훌륭한 집까지. 이 모든 게 나를 무너뜨리고 있었다. 육체적으로는 소진되었고, 영적으로는 메말라 있었으며, 정서적으로는 깊은 우울감에 빠져 있었다.

분주함.

피곤함.

불안함.

그러면서도 나는 멈추지 못했다. 당연히 멈출 수 없었다. 다른 모든 대도시가 그렇겠지만, 내가 사는 보스턴에선 쉼 없이 일하는 것이 미덕으로 간주된다. 바쁘게 사는 게 당연하지 않은가?

잠시 손을 놓는 순간 기회는 다른 사람에게 넘어갈 것이다. 우리가 바쁘게 산다면 중요한 사람임에 틀림없다. 우리가 중요한 사람이라면 자부심을 가져도 좋다. 그러나 어느 순간 우리는 너무 바쁜 나머지 자부심을 느낄 새도 없어져 버린다.

그런 일이 내게 일어나고 있었다. 나는 거의 죽을 지경이었다.

독자들 중에 혹 이렇게 생각할 수도 있겠다. "이봐요. 이건 그저 시간 관리 문제 아닌가요? 당신이 시간을 좀 더 제대로 관리했다면 상황이 그렇게까지 흘러가진 않았을 거예요."

틀린 말은 아니지만 나도 할 말은 있다. 독자들이 원한다면 내 다이어리를 꺼내서라도 보여주고 싶다. 내 다이어리에는 식사 시간, 취침 시간, 하나님과 만나는 시간을 비롯해 심지어 샤워 시간, 아침 운동 시간에 대한 계획이 빼

곡히 짜여 있다. 시간 관리라면 꽤 잘해 왔다고 할 수 있다. 단지 현명하게 관리하지 못했을 뿐이다.

내가 이 책을 쓰게 된 두 번째 이유는 쉬지 않다가 내 몸이 거의 박살날 뻔했다는 것이다. 주당 70시간을 일하고, 잠자기를 거부하는 아기 곁에서 밤잠을 설치고, 내 손으로 집을 리모델링하고, 교회를 개척하며 몇 달을 보내고 나니 내가 망가져 버렸다. 성취를 향한 내 의지에도 끝이 있다는 걸 미처 몰랐다. 깊은 우울감이 나를 잠식하고 신앙이 흔들릴 때, 긍휼이 많으신 하나님이 내게 쉬는 법을 가르쳐 주셨다.

멈추지 못한다, 멈추지 않는다

"안식일에는 쉬라." 뭔가 금욕적인 말로 들리지 않는가?

우리 문화는 열정적이고 바쁜 삶에 환호한다. 스크린 속 광고에서는 최근 뜨거운 인기를 구가하는 모델이 최신 유행의 옷을 갖춰 입고 중요한 미팅을 위해 자신감 있게 걸어간다.

부모들은 수험생에게 책상 앞에서 엉덩이를 떼지 말 것을 주문하느라 마음이 불안하다.

직장인들은 좀 더 높은 사다리로 올라가려고 궁리하느라 여유가 없다.

엄마들은 단비 같은 휴식을 얻으려 아이들을 재우느라 애가 탄다.

그리스도인들에겐 할 일이 추가된다! 우리는 이 모든 삶의 역할을 (마음과 뜻을 다해 기도하며) 해낼 뿐 아니라 교회에도 출석하고 이웃 주민과 친구, 동료들에게 복음대로 사는 모습을 보여주어야 한다. 우리는 성경을 읽기 위해 시간을 내고, 기도하기 위해 아침 일찍 일어나며, 힘겨워하는 누군가의 이야기를 들어주느라 밤늦게 전화기를 들고 있기도 한다. 우리는 보다 훌륭한 아빠, 남편, 엄마, 자녀, 친구, 동료, 멘토, 멘티…… 등등이 되고자 노력한다.

마음은 급하고 신경은 곤두선다. 하나님 나라가 그리는 삶에서 어느새 멀어졌는데도 눈치채지 못한다.

예수님 앞에 나올 때조차, 우리 마음에는 여전히 바빠야 한다는 압박감과 쉬었다간 뭔가를 놓치거나 잘못될지 모른다는 두려움이 자리하고 있다. 참 이상하게도 이는 예수님이 우리에게 기대하시는 모습과 정반대다.

수고하고 무거운 짐 진 자들아 다 내게로 오라

내가 너희를 쉬게 하리라(마 11:28).

예수님은 세상 누구보다 많은 것을 성취하셨으면서도 누구보다 깊은 평안과 쉼을 누리셨다. 예수님은 그러한 자신과 함께할 때 우리가 무거운 짐을 덜고 쉼을 누린다고 말씀하신다. 우리는 바로 그런 분께 나아간다.

그런데도 우리는 왜 멈추지 못하는 걸까? 왜 멈추지 않으려는 걸까?

내가 생각하기에 여기엔 두 가지 동기가 있다. 이 마음은 이 책을 읽는 동안에도 불쑥불쑥 고개를 내밀 것이다. 첫째, 나 자신에게 정말 쉼이 필요하다고 믿고 싶지 않기 때문이다. 둘째, 주위에 열심히 사는 사람들보다 더 잘 해내고 싶기 때문이다. 우리는 쉼을 정기적으로 실천하기는커녕 그에 대해 논의할 시간도 아깝다고 여긴다.

그렇기에 우리에게 쉼이 필요한 거다. (그런 면에서 쉼에 대한 책을 집어든 당신에게 점수를 주고 싶다. 나와 같은 성취지향형 인간은 점수라는 얘기에 혹 하겠지만!)

아, 그리고 그것은 진짜 쉼을 이해하지 못했기 때문이

기도 하다. 우리는 쉼을 '지켜야 할 규칙'처럼 여긴다. 사실은 '익혀야 할 예술'인데 말이다.

쉼은 선물이자 예술이다

독자 중에는 이렇게 생각하는 사람도 있을 것이다. "우리에게 중요한 건 안식일이잖아요. 주일엔 일을 멈추는 거요. 안식일도 제대로 못 지키는 게 진짜 문제 아닌가요?" 그 지적에도 일리가 있지만, 안식일에 쉰다는 개념에는 단순히 하루 동안 일에서 손을 뗀다는 것 이상의 무언가가 있다.

독자 중에 '안식일'을 중요하게 여겨 엄격하게 준수하는 종교적 배경에서 자란 사람도 있을 것이다. 그런 경우라면 정기적으로 쉰다는 개념 역시 고리타분하고 그저 형식적인 것으로 느껴질 수 있다.

날마다 반복하던 요리, 청소, 집안일, 직장일 등을 어떻게든 멈춰야 한다는 식의 제약은, 오히려 그러한 제약에서 벗어나고픈 핑계를 자신도 모르게 찾게 만들 것이다. 그런 게 쉼이라면, 도리어 진 빠지게 만드는 것 아닌가? 그런 안식일을 보냈다간 진짜 쉬는 날이 하루 더 필요할지 모른다.

그럼에도 많은 사람이 진짜 쉼을 누리고 싶어 하는 것

은 변함없는 현실이다. 무엇이 쉼인지 제대로 아는 것을 포함해서 말이다. 우리는 편안한 삶을 누리길 간절히 바라지만, 막상 멈추면 나태해진 건 아닐까 하는 죄책감을 느끼고, 이게 제대로 멈춘 게 맞는지도 걱정한다. 제대로 알기만 한다면, 주께서 말씀하신 그 놀라운 쉼을 자신도 좋아하게 될 것이라 확신하면서……

그러므로 우리는 쉼의 예술을 배울 필요가 있다. 일시정지 버튼을 누르는 법을 연습할 필요가 있다.

앞으로 보겠지만, 성경적인 쉼은 규칙이라기보다는 리듬에 가깝다. 우리에게 제약을 가하는 족쇄라기보다는 우리를 자유케 하는 실천이다. 성경적인 쉼은 맘껏 받아들이고 누릴 만한 것이다.

당신과 내가 위대한 음악가가 되었다고 잠시만 상상해 보자. 내가 바흐의 소나타나 지미 헨드릭스의 기타 솔로를 연주한 다음, 당신이 같은 곡을 연주한다면 두 연주는 다르게 들릴 것이다. 우리 둘 다 최고의 테크닉을 보유한 거장이라고 할 때, 각자 완벽하게 연주하더라도 음악은 다르게 들린다. 훌륭하지만 다르다.

나는 쉼도 이와 같다고 생각한다.

하나님은 우리를 쉼이 필요한 존재로 만드셨다. 그러나 쉼이라는 예술을 배우기 위해 여러 가지 항목과 과정과 절차를 마련하면서, 정작 핵심을 놓치기 쉽다. 마치 소나타를 연주하면서 가장 중요한 테마를 놓치는 것과 같다.

그러므로 우리는 먼저 예수님의 이야기로 시작해야 한다. 예수님이 어떻게 우리를 자유케 하심으로 쉼을 주시는지, 그리고 쉼을 바라보는 우리의 시선을 어떻게 바꿔야 하는지 배워야 한다. 그러고 나서야 우리는 이전보다 아름답게 소나타를 연주할 수 있게 된다. 우리는 명령을 받았기 때문에 연주하는 게 아니다. (어렸을 적 아마도 학원 선생님이 내준 숙제로 악기를 연습해 본 경험이 있다면 이해가 될 것이다.) 우리가 연주하는 것은 그것이 너무 좋기 때문이다.

진정한 쉼은 예수 그리스도가 우리에게 주시는 선물이다. 히브리서 기자의 선언처럼, 예수님은 하나님의 백성이 바라마지 않던 안식의 쉼이 되셨다(히 4:9-10). 예수님은 번아웃이 온 사업가, 기진맥진한 부모, 피곤에 찌든 직장인, 취업에 맘 졸이는 청년, 학업에 지친 수험생 등 우리 모두를 향해 와서 쉬라고 초대하신다. 음악이 연주가를 향한 작곡가의 선물인 것처럼, 쉼은 그리스도인들을 향한 주님의 선물이다. 음악이 연주되어야 하는 것처럼, 쉼 역시 실천되어야 한다! 쉼은 선물이다. 그리고 쉼은 예술이다.

우리가 가야 할 길

쉼은 성경에서 상당한 분량을 차지하는 깊이 있는 주제다. 이 주제를 다루려면 구약과 신약을 넘나들어야 한다. 그렇기에 나는 이 책에서 쉼의 예술을 익히기 위한 간단한 출발점 정도를 제공하려 한다. 예수님은 쉼이라는 주제와 관련한 성경 이야기의 주인공이시기에 우리가 진행할 모든 논의의 중심이 되실 것이다. 예수님은 쉼 자체이기도 하시고, 우리가 그분 안에 있을 때 비로소 진정한 쉼을 누릴 수 있기 때문이다.

이 책을 읽는 동안 쉼 전문가의 강의를 듣는 것이 아님을 기억하라. 나는 한적한 시골 마을 외곽에 자리한 아담한 주택에서 느긋하게 살아가는 성공한 은퇴자도 아니다. 나는 쉼에 관한 한 실패자다. 나는 일정표를 꼼꼼히 짜서 캘린더 어플에 동기화시켜 놓지 않으면 불안해지는, 전형적인 일벌레다. 성공 지향의 세상에 나만큼 딱 들어맞는 사람도 없을 것이다.

하지만 나는 음악을 연주하기 시작했다. 쉼의 리듬을 익히기 시작했다. 여전히 중요한 음표를 놓칠 때가 있지만, 점점 완벽한 연주에 도달하고 있다. 이제 이 소나타를 당신에게 들려주고 싶다.

우리는 리허설도 해볼 참이다. 그러면서 실제로 쉼이 어떤 것인지 알아보려 한다. 성경이 말하는 바에 근거를 두고 쉼이 왜 그토록 중요한지, 쉼이 우리의 관계라는 측면에서 어떤 의미를 갖는지 생각해 보고자 한다. 이어서 쉼의 예술을 실제로 어떻게 연습할지 나눌 것이다. 그 다음엔 어떻게 해야 할까? 그 다음은 당신 스스로 연주할 차례다.

그렇더라도 당신 혼자만의 여정은 아니다. 이 책을 쓰는 동안 나와 함께 하신 안식의 주인이신 하나님께서 이 책을 읽는 당신과도 함께하시며, 당신이 제대로 쉴 수 있길 기다리고 계신다. 우리를 향하신 하나님의 아름다운 선물! 쉼의 예술을 배워 보자.

1
쉼의 복음

야근을 했어, 일하는 게 너무 힘들어.
쓸 돈을 좀 벌었어.
주말을 위해 살지.
일이 많아질 때, 나는 분주함을 위해 살지.
쓸 돈을 좀 벌었어,
주말을 위해 살지!
일주일 내내 일하다 엉망이 되었지.
일주일 내내 무엇을 위해 일했지?
그냥 주말을 위해 살지!
_〈주말을 위해 살지(Living for the weekend)〉, 하드파이(Hard-Fi)

이번 장은 쉼이 왜 중요한지에 대한 의미론적 내용을 다루려 한다. 그러려면 당연히 성경을 들여다봐야 하고 그것도 창세기부터 시작해야 한다.

나도 안다…… 당신은 쉼을 제대로 누리려면 정확히 무엇을 해야 하는지 당장 말해 주길 기다리고 있을 거다. "얼른 물건만 보여 주시죠?"

나도 성미가 급한 사람이라 그 마음을 이해한다. 하지만 우리가 쉬어야 할 이유를 제대로 짚고 넘어가지 않는다면, 쉰다고 해도 나아지는 건 없을 것이다. 당신이 나와 크게 다르지 않은 사람이라면, 쉼이란 모든 일을 마무리한 다음에(그런 일은 좀처럼 일어나지 않지만) 따라오는 추가 옵션 정도가 아니라 우리 삶의 중요한 일부로 여길 만큼 확신을 가질 필요가 있다. 우리는 쉬는 방법을 속성으로 배우려 하기보다, 먼저 기꺼이 쉬려는 마음을 품어야 한다. 그렇기에 이번 장은 이 책에서 가장 덜 실용적이겠지만 아마도 가장 중요한 내용이라 할 수 있다.

결론적으로, 쉼이란 우리가 상상하던 것과 다르며 우리가 생각하던 것 이상으로 중요하다.

쉼이란 정확히 무엇인가?

당신이 우리 동네 사람을 만나 쉼에 대해 이야기한다면, 그들은 아마도 휴가를 떠나거나 낮잠을 자거나 넷플릭스에서 드라마를 정주행하는 것 정도를 언급할 것이다. 혹시나 당신이 용감하게도 '안식'(Sabbath)이라는 단어를 내뱉는다면 이상한 시선을 받게 될 수도 있다(적어도 우리 동네에서는 그렇다). 하지만 성경이 쉼에 대해 이야기하는 내용을 들여다보면, 쉼이 그저 휴일을 보내는 것 이상의 의미가 있음을, 그리고 '안식(일)'도 평소 상상하던 것과 다르다는 것을 알게 된다. 당신이 생각하던 쉼은 바른 길에서 벗어나 있다. 나도 그랬다.

성경에서 쉼은 무엇보다 안식과 연결된다. 안식(일)은 주님을 위해 구별된 시간으로, 하나님께 드리는 이 시간을 통해 우리는 하나님을 주님으로 고백할 뿐만 아니라 다시금 한 주를 살아갈 힘을 공급받는다.

질문이 쏟아지겠다! "무슨 요일이어야 하죠?" "시간은 얼마나 떼어야 하나요?" "꼭 안식(일)이라고 불러야 하나요?" "그 시간에 무엇을 할 수 있나요?" 이런저런 질문을 쏟아 내고픈 마음이 굴뚝 같겠지만, 잠시만(정확히는 몇 챕터만) 참아 주기 바란다. 먼저 우리를 자유케 하는 이 멋진 개념이 무엇인지, 그리고 이 개념이 성경 어디에서 시작되는지 살펴보는게 좋겠다. 일단은 이 단순한 정의를 잊지 말자. 쉼은 안식과 연결되며, 안식(일)은 주님을 위해 구별된 시간이다.

태초에 쉬신 하나님

태초에…… 그러니까 엄밀히 말하면 천지 창조를 시작하시기 전에 하나님이 무엇을 하고 계셨을지 생각해 본 적이 있는가? 시간, 공간, 물질, 천사 등을 비롯한 모든 것의 창조를 앞두고 계셨을 때, 하나님은 유일한 존재셨다. 그분이 조급해 하거나 불안해 하셨을까? 아니면 지루해 하셨을까? 또는 창조라는 과업을 앞두고 스트레스를 받고 계셨을까? 아니다.

예수님은 이에 대한 답을 우리에게 알려 주신다. "아버지께서 창세 전부터 나를 사랑하시므로"(요 17:24). 하나님 아버지께서는 창세 전부터 예수님을 사랑하고 계셨다. 그러니까 예수님 안에 넘치는 사랑, 충만함, 기쁨, 만족 등은 영원 전부터 성부 하나님과의 관계로부터 끝없이 흘러나오는 것이기도 했다는 의미다. 모든 것이 존재하기 이전에 성부 하나님은 성자와 성령을 사랑하고 계셨다. 성자 하나님은 성부와 성령을 사랑하고 계셨다. 마찬가지로 성령 하나님은 성부와 성자를 사랑하고 계셨다.

내가 굳이 이렇게 거창하게 시작하는 이유는, 존재하는 모든 것이 하나님으로부터 나왔듯 우리가 다루고자 하는 쉼 역시 하나님으로부터 출발하기 때문이다. A. W. 토저의 선언처럼, "하나님을 생각할 때 우리 마음에 떠오르는 것이 우리 자신에 대해 가장 중요한 정보를 말해 준다."

하나님이 끊임없이 스위치를 돌리고 버튼을 누르며 광적으로 업무에 매달리는 감독관이라면, 그분과 함께 쉬는 것을 상상하기란 어렵다. 그러나 성부, 성자, 성령 하나님이 사랑 그 자체시며 본질적으로 관계 중심의 존재시라면, 쉬는 것, 또는 그분과 함께 쉬는 것은 우리의 생각을 넘어 아주 매력적인 것이 된다.

구약 창세기 첫 두 장의 이야기는, 하나님이 자신이 창조하신 것들에 대한 소감 내지 판단을 언급하면서 매우 시적인 언어들로 가득하다. 말그대로 "하나님 보시기에 좋았더라"(창 1:4, 10, 12, 18, 21, 25, 31). 너무나 좋았기에 하나님은 자신의 작품을 보고 기뻐하셨으며, 그 다음은 쉬셨다. 피곤함 때문에 쉬신 게 아니다. 행한 모든 일에 만족하시며, 하나님은 기쁨 가운데 쉼을 누리셨다.

> 하나님은 하늘과 땅과 그 가운데 있는 모든 것을 다 이루셨다. 하나님은 하시던 일을 엿샛날까지 다 마치시고, 이렛날에는 하시던 모든 일에서 손을 떼고 쉬셨다. 이렛날에 하나님이 창조하시던 모든 일에서 손을 떼고 쉬셨으므로, 하나님은 그 날을 복되게 하시고 거룩하게 하셨다(창 2:1-3, 새번역).

하나님은 쉬셨다. 그저 소진되어서가 아니라 충만한 기쁨 가운데 쉬셨다. 우주를 통틀어 첫 번째로 행해진 안식이었다. 엿새 동안의 수고의 날숨은 일곱째 날에 이르러 삼위일체 관계 안에서의 사랑, 기쁨, 충만 그리고 만족의 들숨으로 이어졌다.

우리는 하나님의 형상대로 지음 받은 존재다(창 1:26-27). 그 형상을 따라 사람이 된다는 것 안에는 하나님처럼 쉬고 하나님과 함께 쉬며 관계를 맺는다는 의미가 내포되어 있다. 첫 번째 안식이 그러했듯 지금 우리의 안식도 사랑이 많으시고 관계적인 하나님과 함께 쉬는 시간이다.

안식을 경험하는 시간-성전

하나님이 첫 인류로 하여금 그 안에서 살고 일하고 '쉬게' 하신 에덴동산은 하나님의 진기한 식물원 이상을 의미했다. 그곳은 이 땅에 마련된 진정한 첫 성전이었다. 하나님께서 인류와 함께 거하기로 선택하신 곳이었다. 하나님이 친히 마련하신 성전에서 친히 창조하신 사람들과 함께 거하며 쉬신 것, 이것이 바로 하나님이 누리신 첫 번째 안식의 풍경이다. 에덴동산을 지으신 하나님이 피조물과 함께 그 시간을 누리신 것이다.

물론 이러한 쉼이 얼마나 오래 지속되었는지 우리는 잘 안다. 성경 첫 책의 고작 3장에 이르러 인류는 모든 것을 망가뜨리고 '동산-성전'으로부터 쫓겨나, 죄로 인해 망가진 세상을 떠돌아다녀야 할 처지가 되었다.

그러나 하나님은 자신이 임재하시는 성전으로 백성들을 돌아오게 하겠다는 약속을 주셨다. 이야기가 전개되면서, 하나님의 백성들은 정기적으로 제단을 쌓고 에덴에서 잃은 것을 회복하기 시작했다. 시간이 흘러 하나님의 백성들은 이동식 성전인 성막을 짓고 이어서 예루살렘에 실제 성전을 지었다. (움직이는 성막이든 영구적인 성전이든) 성전과 관련된 모든 것은 에덴에 임재하셨던 분을 기억하고 예배하며 그분과 함께하기 위한 의도가 담겨 있다. 가구, 자수, 위치 및 방향 등 모든 것이 에덴동산과 데칼코마니였다. 그 성전에서 언제 예배가 드려졌는가? 안식일이다. 예배하는 장소와 예배하는 시간이 결합되었다. 성전이라는 곳에서 안식일이라는 시간에 말이다.

세상을 만드셨을 때, 하나님은 공간과 시간도 만드셨다. 성전은 하나님이 자기 백성과 함께 거하시는 공간이며, 안식일은 그곳에서 예배가 드려지는 시간이다. 자기 백성에게 특별한 성소에서 하나님과 함께 거하는 시간을 허락하시는 것, 이것이 하나님이 안식을 창조하신 이유였다.

물론 하나님은 모든 곳에 거하신다. 하지만 하나님은

특별한 방식으로 자신의 성전에 임재하기로 선택하셨다. 그곳은 하나님의 백성이 하나님께 나아오기 위해 구별된 장소였다.

하나님은 항상 자기 백성과 함께하신다. 하지만 하나님은 특정한 시간에도 함께하기로 선택하셨다. 안식일은 하나님의 백성이 하나님과 함께 거하기 위해 구별된 시간이었다.

오늘날 그리스도인들을 위해 특정한 장소에 마련된 성전은 없다. 오순절 이후로 우리가 거룩한 성전으로 구별되었기 때문이다. 성경 곳곳에 나오는 하나님의 약속, 즉 언젠가 자기 백성과 늘 함께하겠다는 놀라운 약속이 마침내 실현된 것이다(출 29:45; 렘 24:7, 31:33). 바울은 고린도 교회를 향해 이렇게 선포한다. "너희는 너희가 하나님의 성전인 것과 하나님의 성령이 너희 안에 계시는 것을 알지 못하느냐?"(고전 3:16) 우리가 성전이다. 하지만 우리는 하나님과 함께 구별된 시간 동안 안식을 경험하고 있는가?

이것이 우리에게 허락된 안식(일)의 의미다. 안식은 곧 '시간-성전'이다.

우리가 여지껏 생각한 쉼과 다르고, 우리가 상상해 온

쉼보다 중요해 보이지 않는가?

쉼을 방해하는 대적

내가 사탄이라면, 그리고 그리스도인들을 가능한 한 쓸모없게 만드는 게 가장 큰 목표라면, 나는 온갖 종류의 그럴듯한 이유를 들어 그리스도인들이 '시간-성전'에 나아가지 못하게 회유할 것이다. 여기서 잠시 사탄이 고안해 낸 계략을 살펴 보자.

1. "내가 하는 일이 나를 규정한다."

사탄의 첫 번째 계략은, 바쁜 사람이 유능한 사람이라는 잘못된 가치관을 심는 것이다. 아마도 우리 세상이 받아들인 가장 기발한 거짓말이 아닐까 싶다. 우리는 바쁜 삶에 기이할 정도로 문화적 중독 상태에 있다. 이전 세대까진 거의 모든 문화권에서 악덕으로 여기던 것이 아니던가. 그런데도 우리는 잘못된 생각을 충분히 오래 반복하는 마법을 통해 미덕으로 순화해 버렸다. 우리는 자주 말한다. "아, 저 이번 주에 너무 바빠요." 이 말을 통해 우리가 진짜 하고 싶은 말은 이것이다. "내가 얼마나 중요한 사람인지 좀 보세요. 난 할 일이 아주 많은데다 기필코 해내야 한다니까요!"

자신이 하나님께 소홀히 하게 되는 중요한 이유를 바쁘다는 것에서 찾으면서 자신이 그토록 빡빡한 스케줄에 잡혀 사는 게 하나님의 무심함 탓이라고 불평하는 사람도 있다. 그게 얼마나 우스운 핑계인지 생각해 보라.

하나님은 말 그대로 만물을 만드셨고, 지금도 능력의 말씀으로 온 우주를 붙들고 계신다. 하나님은 역사의 제어판을 관리하시고, 모든 탄원을 들으시며, 숱한 불만을 처리하시고, 바쁜 삶에서 오는 염려 때문에 점점 가늘어지고 줄어드는 우리 머리카락까지도 헤아리신다. 그런데도 우리가 바쁜 것을 주님의 무심함 탓으로 돌릴 수 있는가.

사람들은 종종 내가 얼마나 바쁜 사람인지 규정하려 한다. "목사님께 전화해서 조언을 구할 수도 있었죠. 그치만 목사님이 얼마나 바쁘신지 잘 알거든요." 그럼 나는 보통 이렇게 말한다. "전 성도님보다 바쁘지 않답니다."

그들은 마치 내가 진심어린 칭찬을 차갑게 거절하기라도 한 것처럼 의아한 표정으로 바라본다. 그것은 칭찬이 아니다. 그것은 죄와 공모하는 것이다.

누군가 자신이 얼마나 바쁜지 강조하는 걸 들을 때면,

내 귀에 이렇게 들리는 건 어쩔 도리가 없다. "그래요, 내가 하는 일을 보고 내가 얼마나 중요한 사람인지 좀 느껴 봐요." 이런 말은 우리 안에 있는 무언가에 호소한다. 선하지 않은 무언가, 즉 교만이다.

물론 나 역시 직업을 가진 사람인지라 늘 바쁘다. 하지만 바쁜 것이 미덕은 아니다. 바쁜 것은 악덕에 가깝다. 내가 하나님에게서는 멀어지고 일에 파묻히게 만들기 위해 사탄이 유용하게 써먹는 도구이기 때문이다. 그대로 내버려둔다면, 내 삶 전체가 잠식당하고 말 것이다. "다 이루었다"는 마지막 말씀과 함께 우리를 대신해 죽으신 그리스도의 은혜로 구원받은 사람들이, 그 은혜를 종잇조각 취급하듯 이런 말을 덧붙이는 셈이다. "쉬라고요? 아직 못다 한 게 많은 걸요."

안식(일)의 쉼은 분주함 없이 존재하는 시간이다. "너무 바빠서 쉴 시간이 없어요"라는 말은 "산소가 너무 필요해서 숨을 쉴 수가 없어요"라는 말과 같다. 앞뒤가 안 맞는 말이다.

2. "지금도 하나님을 위해 너무 많은 걸 하고 있어!"

사탄의 두 번째 계략은 종교적 성취감으로 보상을 삼게 하는 것이다. 자신에게 쉼이 필요하다는 것을 안다 하더라도 막상 쉬려고 하면 부담감을 느끼는 사람들이 있다. 너무 일이 많아서 쉴 수가 없기 때문이다.

'하나님을 위해 쉬라는 게 또 하나의 일을 추가하는 건 아닌가?'

우리는 이미 헌신적으로 섬기고 있다. 아이들을 정성껏 키우느라, 성실하게 일하느라, 학교와 학원을 오가며 밤늦도록 공부하느라, 교회에서 하루종일 봉사하느라, 그리고 이 모든 삶의 열심을 통해 하나님께 순종하느라 바쁘다. 하나님이 맡기신 이 모든 일을 신실하게 감당해 내고 있는 마당에 하나님은 어떻게 또 하루를 떼어 내길 기대하신단 말인가? 이는 마치 파라오가 이스라엘 백성더러 더 적은 재료를 가지고 이전과 같은 속도로 벽돌을 만들라고 강요하는 것과 다를 바 없지 않은가(출 5:6-11). 그러다 일이 잘못되기라도 하면 누가 책임질 것인가?

하지만 이런 항변은 우리가 하나님으로부터 숨고 있을 가능성을 드러낸다. 피터 스카지로(Peter Scazzero)는 자신의 책 『정서적으로 건강한 제자』(Emotionally Healthy Spirituality, 두란노 역간)에서 우리가 정서적으로 건강하지 않은 영성을 갖고 있지는 않은지 판단하는 기준을 제시한다. 정서적으로 건강하지 않은 영성의 징후 하나는 하나님으로부터 숨기 위해 하나님을 이용하는 것이다. 양육하기, 열매 맺기, 섬김을 위해 삶을 드리기 등에 대한 하나님의 가르침을 이용해 하나님으로부터 즉, 그분과 함께 머물며 그분과 관계 맺는 것으로부터 숨는 것이다.

최악의 경우, 하나님을 위해 하는 온갖 선한 일은 우리를 하나님보다 높은 책임자로 만들고, 우리가 은혜 받을 자격이 충분한 사람인 것처럼 느끼게 한다. 혹은 우리가 진짜 하나님을 아는 건지 확신하지 못한다는 사실로부터 숨게 만든다. 만일 우리가 멈출 수 없다면, 이것이 사실임을 드러내는 징표다.

쉼은 우리의 할 일 목록에 추가해야 할 종교적 행위가 아니다. 쉼은 우리가 준수해야 할 규율도 아니다. 쉼은 우리가 누려야 할 기쁨이다. 하나님을 위해 이 모든 일을 감당해 내느라 바빠서 쉴 수 없다면, 그 중 부차적인 활동들을 멈춘 다음, 하나님과 함께 쉬라는 간절한 부르심과 초대에 응하는 게 마땅하다. 하나님의 대적은 '선한' 일을 쉬지 말라는 거짓말을 이용해 하나님과 우리의 관계를 망치는 것 외에 달리 원하는 것이 없다.

3. "지금 하는 걸 멈추면 내 삶은 엉망이 될 거야."

사탄의 세 번째 계략은, 세상이 강조하는 것들로도 우리가 진정한 쉼을 얻을 수 있다고 착각하게 만드는 것이다. 이 세상은 '천국'에 닿는 수천 가지 방법을 제안한다.

일을 뼈빠지게 하고 있는가? 곧 은퇴라는 안락한 천국에 다다를 테니 조금 더 분발하라.

자녀 때문에 스트레스를 받고 있는가? 완벽한 자녀라는 천국을 맞이할 테니 양육의 무한궤도에서 조금 더 속도를 내라.

외로움을 느끼는가? 취미 동아리와 사교클럽에 꾸준히 발도장을 찍어 쾌락이라는 천국을 맛보도록 하라.

세상이 강조하는 이러한 것들을 끝끝내 섭렵하고 나면 우리가 그토록 갈망하던 쉼의 낙원에 들어갈 것 같지 않은가? 실제로 각종 서적과 블로그와 유튜브 채널에서는 이러한 것들을 통해 쉼을 얻을 수 있다고 약속한다.

물론 이러한 천국은 존재하지 않는다.

은퇴한다고 인생에서 은퇴하는 것이 아니다. 사람들이 종종 은퇴 후 겪는 유일한 변화는 영혼의 깊은 고통과 기능 장애를 가려 줄 직업이 없어지는 것이다. 진정한 쉼은 거기에 없다.

완벽한 자녀는 존재하지 않는다. 아이의 학교 과제 때문에, 유기농 원료를 사용해 현지에서 임금 착취 없이 공정하게 생산된 공책을 어디서 사야 할지 검색하느라 잠을 설친다고 해서 우리의 아이를 완벽한 자녀로 만들 순 없다. 진정한 쉼은 거기에 없다.

쾌락의 천국도 존재하지 않는다. 우리는 취미 동아리와 사교클럽에서 많은 사람을 만나고 다양한 취미 활동을 펼치며 근사한 맛집과 카페를 찾아다닐 수 있다. 그러나 외로움을 잠시 달랠 수 있을 뿐 진정한 쉼은 거기에 없다.

진실은 이렇다. 거짓인 줄도 모르고 우리는 이 모든 안식에 도달하겠다는 일념으로 쉼 없이 쳇바퀴를 돌리고 있다. 그러다 마침내 목표한 많은 것들(일, 돈, 자녀, 건강, 음식, 쾌락)을 손에 넣었다 해도 약속된 보상이 따라오는 것도 아니다. 애초에 거짓말이었기 때문이다.

나는 부유하고 성공한 사람들을 많이 만났다. 자신이 가진 돈으로 뭘 해야 할지 모를 정도로 돈이 넘치는 한 남성은 그 삶을 즐기는 듯 보였다. 만날 때마다 새로운 여성이 그의 팔짱을 끼고 있었고, 새 차가 그 집 앞에 주차되어 있었다. 그는 천국을 경험했을까? 그러지 못했을 것이다. 오랜 세월 그 천국을 차지하려고 끝없이 욕망하고 추구했을 그의 삶은 그리 오래지 않아 바닥을 드러냈고 그의 꿈도 사그라들었다. 그는 병들어 외롭게 죽었다. 그의 장례식은 슬프도록 절망적이었다.

일, 돈, 자녀, 건강, 음식, 쾌락 등 모든 것이 기본적으론 선하다. 하나님이 이들 각각을 창조하셨기 때문이다. 그러나 잘못된 동기로 지나치게 혹은 맹목적으로 추구할 때 이것들은 우리를 소진시킨다. 쉼을 주지 못하는 건 당연하다.

진정한 쉼은 우리가 생각하던 것과 많이 다르다. 그 쉼을 찾는 것이 무엇보다 중요하다는 사실을 잊지 말기 바란다.

쉼은 누가 다스리냐에 관한 것이다

처음으로 내 안의 조급함이 모습을 드러냈을 때가 생생히 기억난다. 고등학생 시절 학교에서 뮤지컬을 준비하던 때였다. 나는 오케스트라를 지휘하고 있었다. 엄청난 음악광이었던 나는 악보를 치밀하게 분석하고 연주자들을 신중하게 고르고 꾸준히 연습했다. 그러다 정작 리허설 날에 몸이 아파 학교에 가지 못했다. 나는 불안해졌고, 한 친구가 침대에 누워 있는 내게 전화해 자기가 대신 리허설을 맡겠다고 제안했다. 나는 불안감을 견디지 못했고 결국 사고를 쳤다. 내 오만함이 입 밖으로 튀어나오고 만 것이다.

"안 돼! 내가 맡지 않으면 제대로 될 리가 없어!"

십대 시절의 나만큼 신경이 과민하진 않겠지만, 아파서 우리의 몸이 제발 좀 쉬라고 채근할 때조차 우리는 멈추는 데 어려움을 겪곤 한다. 일이 제대로 되려면 어쨌든 내가 맡아서 해야 하니까.

사실은 그렇지 않다.

성경에서 처음으로 언급되는 안식일에 대한 규례는 다음과 같다.

[8] 안식일을 기억하여 거룩하게 지키라 [9] 엿새 동안은 힘써 네 모든 일을 행할 것이나 [10] 일곱째 날은 네 하나님 여호와의

안식일인즉 너나 네 아들이나 네 딸이나 네 남종이나 네 여종이나 네 가축이나 네 문안에 머무는 객이라도 아무 일도 하지 말라 [11] 이는 엿새 동안에 나 여호와가 하늘과 땅과 바다와 그 가운데 모든 것을 만들고 일곱째 날에 쉬었음이라 그러므로 나 여호와가 안식일을 복되게 하여 그 날을 거룩하게 하였느니라(출 20:8-11).

11절에서 "이는" 다음에는 쉬라는 명령에 대한 근거가 나온다. 그 구절에서 뭐라고 말하는가?

"멈추라. 이는 하나님이 엿새 동안에 모든 것을 만드셨고……"

쉬기를 거부하면서 우리가 보이는 행동은 단순히 우리 자신을 돌보지 않는 것보다 훨씬 해롭다. 우리는 사실 우리가 믿는다고 말하는 것과는 다른 이야기를 전달하고 있다. 우리는 모든 것을 다스리시는 하나님을 찬양하고 그분에 대해 공부하고 말하기를 좋아한다. 하지만 우리가 취하는 행동을 보면, 우리가 힘주어 하는 말을 정작 우리 스스로는 믿지 않고 있다. 우리의 말대로 우리가 모든 것을 다스리시는 하나님을 찬양하고 인정한다면 우리는 당연히 우리가 통제하고 싶은 마음을 기꺼이 내려놓을 수 있어야 하기 때문이다.

우리는 하나님과 함께 일하도록 지음 받은 존재이지만 동시에 하나님의 피조물임은 변함없는 진리다. 그런데도 피조물인 우리는 우리가 행한 일들을 우상화한 나머지 창조주이신 하나님께 영광돌리기를 거부한다. 안식일의 쉼은 정확히 이와 상반되는 개념이다.

쉼은 우리 자신, 우리 아이들, 공동체, 심지어 힘들게 하는 직장 상사를 향해 우리가 행한 일이나 그 결과를 숭배하지 않는다고 선언하는 것이다.

쉼은 우리가 행한 일만으로 우리 삶이 윤택해지지 않는다고, 우리가 성취한 일은 이 세상을 번성케 하는 데 필수적이지 않다고 선언하는 것이다.

기꺼이 쉼을 실천할 때 우리는 우리 삶으로 이렇게 말하는 것이다. "이 세상을 지으신 하나님이 세상을 다스리시니, 그분이 나보다 잘 하실 것임을 신뢰합니다."

쉼은 우리 스스로는 결코 충분하지 않으며, 충분한 분

이 따로 계심을 인정하도록 요구한다. 우리는 우리 삶을 책임지고 이끌어갈 능력자가 못되며, 이 세상에서 참되고 영구적인 안식을 찾을 만한 방편이 우리에겐 없기 때문이다. 우리의 분주함과 불안함을 기꺼이 내려놓고 쉼의 리듬을 받아들이려면, 하나님 한분만으로 충분함을 깨닫고 지금 우리에게 있는 모든 것의 주도권을 넘겨드려야 한다.

우리는 하나님을 예배한다. 하나님은 일을 만드셨고, 하나님은 세상을 만드셨다. 그리고 하나님은 우리가 쉬도록 만드셨다.

쉼은 누가 구원하느냐에 관한 것이다

구약 성경 첫 다섯 권인 율법서의 마지막 책에서는 쉼에 대해 약간 다르게 재진술한다.

> [12] 네 하나님 여호와가 네게 명령한 대로 안식일을 지켜 거룩하게 하라 [13] 엿새 동안은 힘써 네 모든 일을 행할 것이나 [14] 일곱째 날은 네 하나님 여호와의 안식일인즉 너나 네 아들이나 네 딸이나 네 남종이나 네 여종이나 네 소나 네 나귀나 네 모든 가축이나 네 문 안에 유하는 객이라도 아무 일도

하지 못하게 하고 네 남종이나 네 여종에게 너 같이 안식하게 할지니라 ¹⁵ 너는 기억하라 네가 애굽 땅에서 종이 되었더니 네 하나님 여호와가 강한 손과 편 팔로 거기서 너를 인도하여 내었나니 그러므로 네 하나님 여호와가 네게 명령하여 안식일을 지키라 하느니라(신 5:12-15).

15절을 제외하면 이 본문의 모든 내용이 출애굽기 20장과 거의 똑같이 읽힌다. 다만 15절 본문에서는 주께서 '다스리시니 쉬라'고 말씀하는 대신, 그분이 '구원하셨으니 쉬라'고 말씀한다. 이집트의 거짓 신들과 그들을 섬기던 파라오로부터 이스라엘 백성을 건져 내신 하나님은 누가 진정한 구원자인지 온 세상이 알도록 선포하고 계신다.

일과 세상에 노예처럼 헌신하는 것은 본래 사람에게 의도된 것 이하의 삶이다. 출애굽기에서 하나님은 오직 하나님만이 우리를 그러한 노예 생활로부터 구원하신다는 것을 보여 주셨다.

모세가 친히 오시리라 예고한(신 18:15) 예수님은 우리에게 이보다 훨씬 멋진 출애굽을 약속하신다. 파라오도 악했지만, 사탄에 비하면 그는 시시한 존재다. 이 옛뱀은 어떤 왕이나 군주보다 하나님의 세상을 더 많이 파괴했다. 그리고 예수님은 우리를 그로부터 자유롭게 하셨다.

예수님을 구주로 받아들이는 것은 끊임없이 일하고 성취하도록 요구하는 시스템으로부터의 구원이 나에게 필요하다는 것을 인정하는 것이다. 뿐만 아니라 이러한 시스템에서 나를 드러내고 증명하고 싶기에 기꺼이 이 시스템에 뛰어든 내 마음으로부터의 구원 역시 필요하다는 것을 인정하는 것이다. 세상은 나에게 계속해서 행하라고 요구하지만, 복음은 다 이루었다고 선포한다. 나는 나 자신을 구원할 수 없다. 그리고 그건 문제가 아니다. 왜냐하면 나는 이미 구원받았기 때문이다.

하지만 하나님은 나에게 참 많은 일을 맡기셨고, 내가 멈춘다면 다 엉망이 되지 않겠는가? 그리고 내가 하는 일을 나만큼 잘해 낼 사람은 없지 않겠는가? 이러한 거짓말들이 귀에 스멀스멀 기어 들어오는 게 느껴진다면, 복음이 나에게 하는 말에 귀를 기울이라. 중요한 건 내가 아니다. 나의 수고로움으로는 완전한 세상을 만들 수 없다. 그리고 그건 문제가 아니다. 그럴 필요가 없기 때문이다. 하나님이 이미 예수 그리스도 안에서 성취하셨다.

> 너희는 그 은혜에 의하여 믿음으로 말미암아 구원을 받았으니 이것은 너희에게서 난 것이 아니요 하나님의 선물이라 (엡 2:8-9).

우리가 쉰다고 해서 '꼭 지켜야 할 것'을 잃어버리지는 않을 것이다. 우리가 야근한다고 해서 '영원히 잃어버리지 않을 것'을 얻을 수는 없다. 정답은 나에게 있지 않다. 그리스도가 구원자시다.

쉼은 다시 얻고 다시 새로워지는 것에 관한 것이다

"여보, 오늘 밤에는 당신과 함께 있는 게 편하지 않네요." 어느 날 아내가 말했다.

이 말을 듣고 나는 조금 화가 났다. 사실 나는 이미 화가 난 채로 하루를 보냈었다. 아내는 저녁 식사 후 설거지를 하고 있었고, 나는 아이들을 막 재운 참이었는데, 아내가 직설법으로 내게 다가온 것이다.

"당신은 아이들과 내가 당신을 방해한다는 듯 행동해요. 마치 우리가 당신에게 짐이라도 되는 것처럼요. 기억해 보세요. 오늘 저녁 식탁에서 당신이 아이들에게 보인 표정과 말투를요. 내겐 얼마나 무뚝뚝했게요. 이게 괜찮은 일이 아니라는 걸 알았으면 해요."

아내 말이 옳았다. 나는 대꾸하지 못했다. 나는 미안하다고 하고 곧 분위기가 풀어졌지만, 정확히 왜 이런 일이 일어났는지 돌아보는 데 며칠이 걸렸다. 왜 나는 가족에게 화를 잘 내면서 교회에서는 많은 은혜를 받는 걸까? 왜 도움을 요청하는 교회 사역자의 연락보다 숙제를 도와 달라는 딸의 요청이 더 귀찮게 느껴지는 걸까? 그러다 모든 게 분명해지기 시작했다.

나는 일을 하는 것에서 동력을 얻고 있었다. 이때문에 가족에게는 오히려 소홀했던 것이다.

일은 고귀한 선물이다. 하지만 어느새 나는 일을 예배했고, 잘못된 곳에서 정서적인 자양분을 공급받고 있었다. 나는 가족들과 함께 시간을 보내는 것보다 "목사님, 오늘 설교 너무 은혜로웠어요"라는 말을 듣는 게 좋았다. 결국 나는 쉬는 날조차 가족과 함께 있고 싶지 않은 지경이 되고 말았다. 일이라는 선물을 취해 내가 섬기는 하나님으로 삼은 것이다.

안식으로 연결되는 쉼은 하나님으로부터 정서적이고

신체적인 자양분을 다시 얻는 것이다. 쉽은 일로부터 충분히 오래 멈추고, 새롭게 하시는 그분 안에서 호흡하는 것을 배우는 시간이다.

"수고하고 무거운 짐 진 자들아 다 내게로 오라 내가 너희를 쉬게 하리라"(마 11:28)고 초대하시는 예수님의 말씀에서도 이는 고스란히 드러난다. 진정한 쉼은 내가 예수님을 섬기는 데 필요한 정서적이고 신체적인 에너지를 다름 아닌 예수님에게서 다시 얻을 수 있음을 기억하게 한다.

예수님은 파라오처럼 인색하게 노예를 다루는 주인이 아니다. 예수님은 나에게 짚으로 벽돌을 만들라고 요구하지 않으신다.

예수님은 풍성한 은혜의 공급자시다.

우리는 일에 대한 과도한 사랑을 회개하고, 우리가 주님을 위해 지어졌음을 기억하며, 우리 삶의 모든 영역에서 실질적인 힘을 얻기 위해 주님 안에서 쉬는 것을 연습할 만큼 충분히 오래 멈출 필요가 있다.

거짓 쉼과 싸우고, 하나님의 은혜를 구하라

쉬기를 거부하는 것은 우리의 피조성을 받아들이기를 거

부하는 것이다. 그러한 행위는 손수 지으신 세상을 다스리시고, 자기 백성을 구원하시고, 능력으로 새롭게 하시는 하나님을 부정하는 것이나 마찬가지다. 하나님을 위해 구별된 시간인 쉼은 다스리는 분이 누구인지, 구원하는 분이 누구인지, 새롭게 하는 분이 누구인지 선포한다. 진정한 안식의 쉼은 삶의 새로운 리듬을 가르치는데, 그 안에서 우리는 하나님의 주권을 찬양하고 복음의 자유함을 맛보며 예수님에게서 주어지는 구원의 선물을 진심으로 만끽한다. 같은 이유로 시편 기자는 다음과 같이 고백했다.

> 너희가 일찍이 일어나고 늦게 누우며
> 수고의 떡을 먹음이 헛되도다
> 그러므로 여호와께서 그의 사랑하시는 자에게는
> 잠을 주시는도다(시 127:2).

이번 장을 읽으며 부디 쉼에 대한 생각이 달라졌길 기대한다. 또한 쉼이 정말 중요하다는 것을 조금 더 확신했으면 좋겠다. 너무 중요하기에 쉼을 얻기 위한 싸움은 충분한 가치가 있다.

그러니, 멈추라. 쉼을 위해.

부디 멈추지 말라, 쉼을 얻기 위한 싸움을.

하나님이 우리에게 쉬라고 초대하셨음을 잊지 말라. 하나님이 우리를 새롭게 하실 시간을 정기적으로 떼어 놓으라고 요청하셨음을 잊지 말라.

조급함 대신 의미와 열매맺음으로 가득한 시간. 불안함은 사라지고 최종 주권자가 누구인지 확인하는 시간. 안식의 쉼은 우리가 생각했던 것과 다르고, 우리가 상상했던 것보다 훨씬 중요하다.

2
쉼은 기억하게 한다

"기억은 현재의 고통과 어려움 가운데 있는 우리 자신을 직시하고,
믿음으로 가득한 새로운 공간으로 우리를 이끌며
미래를 위해 우리를 준비시킨다."
_로이스 에반스의 『기억의 돌』(Stones of Remembrance)에서

내 생애 가장 신기하고 놀라웠던 추수감사절 저녁이 기억난다.

아내와 내가 처음 사귀기 시작했을 때, 다른 여느 커플들처럼 우리는 자신에 대한 모든 걸 서로에게 이야기했다. 아내는 자기가 태어난 시절부터 시시콜콜 들려주었다. 아내는 루이지애나 북쪽 시골 마을에서 유년 시절을 보냈다. 자기를 돌봐 주던 맘씨 좋은 가정부, 목재로 감싸 낡은 가구처럼 보이는 텔레비전, 뒤뜰에 있는 오래된 사과나무 등 나는 그녀가 기억하는 모든 것의 이야기를 들었다.

추수감사절에 아내의 가족에게 처음 인사하러 집을 방문했을 때, 나는 너무나도 놀라운 경험을 했다.

그 집에 도착해 눈으로 보고 코로 숨 쉬고 사람들과 어울리는 동안, 나는 아내가 들려준 이야기들이 생명력을 얻고 되살아나는 듯한 느낌을 받았다. 추수감사절 식탁에 둘러앉아 칠면조 구이, 호박 파이를 함께 먹고 떠들썩하게 대화를 나누며, 먼지 앉은 오래된 텔리비전으로 풋볼 게임 중계를 보던 모든 장면이 내게는 사랑하는 사람에 대한 나의 이해를 새롭게 하는 시간이 되었다. 사랑하는 사람에 대해 내가 알고는 있지만 문득 잊고 있던 것, 어쩌면 온전히 이해하지 못했던 모든 것을 새로운 관점에서 기억하게 만들었다. 아내를 키워 주신 분들과 추수감사절 전통 의식을 함께하는 내내 눈으로 보고 입으로 맛보고 귀로 들은 모든 것을 통해 아내를 보다 깊이 이해할 수 있었다.

이렇듯 추수감사절 같은 특별한 시간에 칠면조를 굽고 호박 파이를 나누고 하는 특별한 의식(rituals)은 기억과 관련해 우리에게 중요한 의미를 갖는다. 다른 방식으로는 우리 머릿속 어딘가에 묻혀 사라질 소중하고 의미있는 진리들을 기억나게(또는 다시 기억나게) 한다. 명절 음식은 가족을 상기시킨다. 생일은 우리 자신을 상기시킨다. 국경일은 나라와 관련된 이야기를 상기시킨다.

그리고 안식의 쉼과 관련한 특별한 의식은 우리 하나님과 그분의 이야기를 상기시킨다. 쉼이 우리에게 주어진 것은 우리가 하나님을, 우리 자신을, 그리고 그분이 만드신 이 세상의 진짜 이야기를 기억하게 하기 위함이다.

망각이 불러오는 것

하나님의 백성들은 시작부터 일종의 영적 기억 상실증에 시달렸다. 놀라울 정도로 반복해서 그들은 자신들이 누구인지, 누구의 소유인지, 그리고 하나님이 처음에 그들을 부르신 목적이 무엇인지 잊어버렸다. 성경 전체의 이야기는 많은 면에서 항상 그들의 하나님을 잊어버리는 백성과 항상 자기 백성을 기억하시는 하나님의 이야기라 할 수 있다.

아브라함을 비롯해, 이삭, 야곱 등 우리 믿음의 조상이라 불리는 이들조차 하나님의 백성으로 부르심을 입었으면서도 그 사실을 잊고 하나님의 백성으로 살아가는 데 어려움을 겪었다. 변명할 도리가 없는 죄를 지었고, 불필요한 선택으로 고생을 자초했다.

그들의 자손이라 해서 다르지 않았다. 모세로부터 한 세대가 조금 지난 시점에 구약 사사기는 우리의 선조들, 즉 자신의 정체성을 기억하지 못하는 사람들이 저지른 악순환을 반복해서 기록한다. 사사기를 읽는 것은 성경의 히어로들을 모아놓은 스크랩북을 훑는 것과 다르다. 그것은 실패한 사람들, 어리석은 사람들, 한때 백성임을 자랑했으나 믿음이 흐트러져 "자기들의 하나님 여호와를 잊어버리고 바알들과 아세라들을 섬긴" 사람들의 전과기록을 조사하는 것과 흡사하다. 사사기는 영적 망각이 불러오는 끔찍한 결과에 대해 우리 선조들의 실제 사례들로 경고를 전한다.

사사기 다음에는 열왕기가 나온다. 열왕기는 꽤 괜찮게 시작하지만, 이스라엘의 2대 왕인 다윗 이후로 3세대도 못 가 왕국은 분열된다. 스스로 어떤 민족인지 망각한 이스라엘 백성은 사실상 다른 민족과 차별성이 드러나지 않는 삶을 산다. 하나님이 선지자들을 통해 숱한 경고를 하신 후에도 그들은 돌이키지 않았고 주님은 그들이 그렇게 살도록 내버려 두셨다. 그들은 파국의 길로 내달렸다.

다른 신들을 섬기는 이방 민족의 침공이 시작되었고 최종적으로는 성전의 파괴, 백성들의 유배, 고난과 정체성 말살의 시기가 찾아온다. 자신이 누구인지, 누구의 소유인지, 처음에 하나님이 자신들을 백성으로 부르신 목적이 무엇인지를 철저히 망각한 결과다.

유배 생활을 하던 모든 이들의 머릿속에 이런 질문이 떠올랐을 것이다. "왜?" "정확히 뭐가 문제였을까?"

에스겔 선지자는 이 당연한 질문에 대한 통찰을 구했다. 하나님은 고난 가운데 사필귀정의 원인과 결과를 찾으려는 백성들에게 에스겔을 통해 답변해 주셨다.

> ¹² 또 내가 그들을 거룩하게 하는 여호와인 줄 알게 하려고 내 안식일을 주어, 그들과 나 사이에 표징을 삼았노라 ¹³ 그러나 이스라엘 족속이 광야에서 내게 반역하여 사람이 준행하면 그로 말미암아 삶을 얻을 나의 율례를 준행하지 아니하며 나의 규례를 멸시하였고 나의 안식일을 크게 더럽혔으므로
>
> 내가 이르기를 내가 내 분노를 광야에서 그들에게 쏟아 멸하리라 하였으나 ¹⁴ 내가 내 이름을 위하여 달리 행하였었나니 내가 그들을 인도하여 내는 것을 본 나라들 앞에서 내 이름을 더럽히지 아니하려 하였음이로라 ¹⁵ 또 내가 내 손을 들어 광야에서 그들에게 맹세하기를 내가 그들에게 허락한 땅 곧 젖과 꿀이 흐르는 땅이요 모든 땅 중의 아름다운 곳으로 그들을 인도하여 들이지 아니하리라 한 것은 ¹⁶ 그들이 마음으로 우상을 따라 나의 규례를 업신여기며 나의 율례를 행하지 아니하며 나의 안식일을 더럽혔음이라 ¹⁷ 그러나 내가 그들을 아껴서 광야에서 멸하여 아주 없이하지 아니하였었노라

> ¹⁸ 내가 광야에서 그들의 자손에게 이르기를 너희 조상들의 율례를 따르지 말며 그 규례를 지키지 말며 그 우상들로 말미암아 스스로 더럽히지 말라 ¹⁹ 나는 여호와 너희 하나님이라 너희는 나의 율례를 따르며 나의 규례를 지켜 행하고 ²⁰ 또 나의 안식일을 거룩하게 할지어다 이것이 나와 너희 사이에 표징이 되어 내가 여호와 너희 하나님인 줄을 너희가 알게 하리라 하였노라 ²¹ 그러나 그들의 자손이 내게 반역하여 사람이 지켜 행하면 그로 말미암아 삶을 얻을 나의 율례를 따르지 아니하며 나의 규례를 지켜 행하지 아니하였고 나의 안식일을 더럽힌지라 이에 내가 이르기를 내가 광야에서 그들에게 내 분노를 쏟으며 그들에게 내 진노를 이루리라 하였으나(겔 20:12-21).

선지자 에스겔을 통해 선포된 말씀에서 비극의 발단이 보이는가? 하나님의 백성은 추수감사절 만찬에 참석하지 않았다. 주님이 그들에게 안식일을 주셨지만, 그들은 주님의 안식일을 더럽혔다. 그들은 안식의 쉼을 건너뛰고, 쉼의 의식을 포기했다. 그들은 가장 중요하게 기억해야 할 것을 망각하고, 가장 굳게 붙잡아야 할 것을 놓쳤다. 그들은 결국 하나님을 잊었다. 저주, 고통, 유배 생활이 뒤따랐다.

영적 망각에 다다르는 길

나는 유배 신세가 된 이스라엘 백성의 심정을 충분히 공감할 수 있다. 우리 모두가 이와 비슷한 경험을 했다.

쉼의 리듬을 놓치기란 쉽다. 쉼의 본래 의미가 우리로 기억하게 돕는 것임을 알고는 있으나 잊고 지내기가 참으로 쉽다. 망각이 고착화되고 나면 우리가 겪게 되는 문제들이 어디서부터 잘못되었고 대체 어떻게 돌이켜야 하는지 갈피를 못잡게 된다.

쉼을 망각할 때, 그리고 그것이 당연하게 여겨질 때 우리에게 먼저 신체적인 문제가 발생하고, 정서적인 문제가 따라온다. 마지막으로 영적으로 약해지고 열정도 사라진다. 자녀의 출산, 실직, 시험, 승진 등 인생의 큰 격변기가 찾아올 때마다 늘상 이런저런 문제를 겪게 된다. 문제가 일상이 된다. 그러한 어려움은 짧게 끝날 수도 있고 한동안 계속될 수도 있겠지만, 중요한 것은 안식의 쉼을 위해 모든 걸 멈추려 하지 않는다는 것이다.

아마도 처음에는 자기도 모르게 그랬을 것이다.

두 번째에는 편해서 그랬을 것이다.

그다음은, 이전에 왜 쉬었는지조차 기억이 안 날 것이다. 쉼이란 것이 존재하지 않는 세상에서 살아간다.

어쩌다 이런 일이 일어난 걸까? 이러한 영적 망각에 빠져든 건 무엇 때문일까?

그 이유가 너무 단순해서 오히려 인정하기 불편할 정도다. 즉 우리가 기억하기 위해 언제 멈춰야 하는지를 잊은 것이다.

하나님은 이스라엘에게 안식을 베푸셨다. 쉬고 기억하고 회복하고 즐거워하는 특별한 날을 주셨다. 고대 근동 지방에서의 삶은 팍팍했다. 감히 말하건대, 오늘날 우리 대부분의 삶보다 팍팍했다. 동틀 때부터 해질 때까지 음식을 얻기 위해 일하고, 자급자족하며, 이웃 부족에게 공격당할 위협 아래 살아야 했다. 이것이 그들의 현실이었다. 노동하지 않고 하루를 보낸다는 생각은 상식 밖으로 여겨졌을 것이다. 안식일은 그렇게 팍팍하게 살던 그들이 일상을 멈추고 무언가를 기억하게 하기 위한 의식으로 주어졌다.

안타깝게도 그들은 이 의식을 중요하게 여기지 않았다. 그들은 안식의 쉼을 잊어버렸다. 기억하기를 잊었다.

아마도 그들은 자신들에게 왜 쉼이 필요한지 기억해야 한다는 점도 잊었을 것이다.

"그냥 쉬는 게 아니라고요? 예배를 위해 안식의 쉼이 필요하다고요? …… 아, 그 얘긴 관둡시다. 지금 일 년 중 제일 바쁠 때인 거 아시죠? 추수가 코앞이라고요. 몇 시간이라도 더 일하는 게 낫죠."

기억하기 위한 쉼의 의식을 잊을 때 우리는 쉼 자체를 잊기가 너무 쉽다.

우리 가정에서는 목요일 밤마다 함께 영화를 보는 시간을 만들었다. 첫 아이가 영화를 볼 수 있는 나이가 되자마자 이러한 의식을 시작했다. 꼭 영화를 보고 싶어서 만든 건 아니었다. 한 주의 일정 안에 우리 가족이 함께하는 시간을 의도적으로 만들고 싶어서였다.

몇 달이 지나고 영화의 밤은 달라지기 시작했다.

아이들이 영화를 보느라 가만히 앉아 입을 다물고 있는 동안 우리 부부는 그 고요함을 이용해 낮에 못다 한 일을 한다든지, 자신만을 위한 시간을 가졌다.

그러다 우리가 그토록 아끼던 고요함이 조금씩 무너졌다. 부모가 눈앞에서 사라지니 아이들도 더 이상 가만히 있지 않았다. 잠시 영화를 보는 것 같다가도 어느새 영화에 대해서든, 팝콘에 대해서든 말다툼을 벌였다. 금새 소란스러움이 모든 걸 삼켜 버렸다.

그렇게 우리는 이 의식의 핵심이 무엇인지 잊어버렸고 결국 이 의식을 멈춰버렸다. 사실 우리 부부가 그 시간에 영화를 보는 대신 다른 일을 하거나 자기만의 시간을 갖는 것 자체가 가족이 영화를 보기로 한 본래의 목적을 무시하거나 잊어버린 탓이었다.

이스라엘 역시 같은 실수를 저질렀다. 먼저, 그들은 안식일이라는 의식이 시작된 이유를 무시하거나 잊어버렸다. 이어서 새로운 의식을 구축하다, 결국 본래의 의식을 완전히 잊어버렸다. 이와 함께 그들은 이 의식을 통해 기억해야 했던 진리들까지 잊어버렸다.

그리스도인의 쉼에 대해 이야기하자면, 우리 역시 이와 다르지 않다. 안식일이라는 의식이 우리에게 주어진 것은 하나님과 우리 자신, 그리고 이 세상의 참된 이야기를 기억하기 위해서다. 쉼을 포기하는 것은 우리 조상들의 비극의 출발점이 된 영적 망각을 못본 체하는 것과 같다.

쉼, 하나님을 기억하기 위한 시간

아이들은 놀이를 해야 한다. 나는 일을 해야 한다. 학교에선 공부를 해야 하고, 집에선 청소를 해야 하고, 반려견은 산책을 해야 한다. 뿐만 아니라 가난한 사람들은 도움이 필요하고, 복음은 전파되어야 하고, 열방에게는 누군가가 파송되어야 한다. 그런데 우리가 매주 멈춘다면 하나님이 맡기신 이 모든 일을 어떻게 감당한단 말인가?

> 내가 그들을 거룩하게 하는 여호와인 줄 알게 하려고 내 안식일을 주어 그들과 나 사이에 표징을 삼았노라(겔 20:12).

쉼을 잊는 것은 곧 하나님을 잊는 것이다.

나는 우리가 고대 이스라엘과 같은 의무 아래 잊지 않다는 것을 충분히 이해하고 있다. 구약의 백성에게 주어진 안식일 준수에 대한 의무가 그리스도인인 우리에게 똑같이 주어지지 않음을 알고 있다(이 부분은 뒤에 자세히 다루겠다). 하지만 똑같지는 않더라도 분명히 적용할 지점이 있다.

정기적으로 안식의 쉼을 가지다가 율법주의에 빠지게 될까 두렵다면, 안식의 쉼을 갖지 않을 때 도리어 우리에게 어떤 결과가 나타날지 자문해 보라. 우리에게 정말로 위협이 되는 부분은 쉼 자체가 아니라 쉼에 대한 우리의 무시 또는 거부다. 혹여 안식의 쉼 없는 일상이 평안하고, 하나님 앞에서 거룩한 삶을 살지도 않는데 그리스도인으로서 만사형통하다면, 당장 이 책을 쓰레기 통에 내던지고 출판사에 연락하라. 당신의 쉼 없는 삶의 만사형통을 책으로 출판하면 혹시 베스트셀러가 될지 모를 일이다.

하지만 우리 삶을 솔직하게 돌아보면, 도무지 멈출 줄 모르는 우리 사회의 속도가 우리 몸뿐 아니라 마음과 영혼까지 병들게 한다는 것을 부인하지 못할 것이다. 그것은 무엇보다 서서히 하나님을 잊는 가장 효율적인 방식이다. 그게 바로 핵심이다. 하나님은 우리가 매주마다 정기적으로 멈출 줄 아는 리듬을 되찾기 바라신다. 안식의 쉼을 통해 우리가 아닌 하나님이 진짜 하나님이심을 기억하기 바라신다.

쉼, 우리를 기억하기 위한 시간

우리는 사람으로서의 정체성을 잃어버리는 때가 종종 있다. 쉼 없이 일하고 또 일하고 끊임없이 일하다가 그만 벌레가 되고 만다. 일벌레.

고대 근동의 신들도 숭배자들을 벌레처럼 취급했다. 이방의 신들은 도무지 그칠 줄 모르고 숭배자들을 다그쳤다. 전쟁, 예배, 예물, 봉사 등을 끊임없이 요구해 숭배자들을 지치게 했고, 자신들의 배를 채우면서도 약속을 지키는 법이 없었다. 갈멜 산에서 여호와의 선지자 엘리야와 맞섰던 바알 선지자들이 누가 진정한 신인지 증명하는 대결을 펼치는 장면을 보라. 그들은 응답 없는 바알을 위해 아침부터 저녁까지 일하고 또 일하고 끊임없이 일했다.

> [26] 그들이 받은 송아지를 가져다가 잡고 아침부터 낮까지 바알의 이름을 불러 이르되 바알이여 우리에게 응답하소서 하나 아무 소리도 없고 아무 응답하는 자도 없으므로 그들이 그 쌓은 제단 주위에서 뛰놀더라 [27] 정오에 이르러는 엘리야가 그들을 조롱하여 이르되 큰 소리로 부르라 그는 신인즉 묵상하고 있는지 혹은 그가 잠깐 나갔는지 혹은 그가 길을 행하는지 혹은 그가 잠이 들어서 깨워야 할 것인지 하매 [28] 이에 그들이 큰 소리로 부르고 그들의 규례를 따라 피가 흐르기까지 칼과 창으로 그들의 몸을 상하게 하더라 [29] 이같

이 하여 정오가 지났고 그들이 미친 듯이 떠들어 저녁 소제 드릴 때까지 이르렀으나 아무 소리도 없고 응답하는 자나 돌아보는 자가 아무도 없더라(왕상 18:26-29).

믿기 어렵겠지만 우리 역시 이와 비슷하다. 요즘 시대에 누가 바알을 숭배하거나 아세라 목상에 기도하겠냐고 웃겠지만, 그러면서 우리는 섹스, 돈, 권력에 대한 찬송을 부른다. 더 높은 사다리로 오르기 위해, 더 좋은 집과 차를 얻기 위해 공부하고 노력한다. 몸매, 건강, 그리고 안전에 대한 염려로 먹는 음식에 집착한다. 우리는 바알 선지자들보다 나을 것이 없다. 거짓 신이 자신의 노력에 보답해 주길 바라며 스스로를 채찍질하는 모습과 정확히 닮아 있다.

우리는 이렇게 살도록 지음 받지 않았다.

성경의 하나님은 이와 다른 분이시다. 자기를 사랑하는 데 빠져 있고 자기를 위해서만 목숨을 바칠 우리 같은 사람들에게 하나님은 아무런 희생도 요구하지 않으시고 기꺼이 복을 베푸셨다.

[36] 저녁 소제 드릴 때에 이르러 선지자 엘리야가 나아가서

말하되 아브라함과 이삭과 이스라엘의 하나님 여호와여 주께서 이스라엘 중에서 하나님이신 것과 내가 주의 종인 것과 내가 주의 말씀대로 이 모든 일을 행하는 것을 오늘 알게 하옵소서 37 여호와여 내게 응답하옵소서 내게 응답하옵소서 이 백성에게 주 여호와는 하나님이신 것과 주는 그들의 마음을 되돌이키심을 알게 하옵소서 하매 38 이에 여호와의 불이 내려서 번제물과 나무와 돌과 흙을 태우고 또 도랑의 물을 핥은지라 (왕상 18:36-38).

바알의 선지자들도 이스라엘에 속한 백성이었다. 그러나 그들은 하나님이 어떤 분이신지 기억하지 못했다. 그와 달리 하나님이 어떤 분이신지 기억하는 엘리야는, 지쳐 쓰러질 때까지 일하기보다 하나님의 성품과 하나님의 약속에 의지해 기도했다.

인생을 살아가는 두 가지 방식 중 어느 것을 따라 살고 싶은가?

누구나 그대로 실천하면 살 수 있는 내 율례를 그들은 지키지 않았고, 내 규례를 배척하였다. 그들은 내 안식일도 크게 더럽혔다(겔 20:13, 새번역).

안식의 쉼을 거부하는 것은 생명을 거부하는 것과 같다. 우리는 전능하신 하나님의 형상을 담은 피조물이다. 우리는 참되신 왕의 아들이자 딸이다. 안식의 쉼은 우리를 창조하신 분에게로 돌아가는 일일 뿐만 아니라 우리 안에 있는 그분의 형상을 반영하는 일이기도 하다. 안식의 쉼은 우리가 진짜 누구인지 기억하는 데 반드시 필요한 리듬이다.

우리가 가진 돈이나 권력이 우리라는 사람을 규정하지 않는다. 우리의 가치는 우리가 하는 일이 아니라 하나님이 심어 놓으신 우리 안에 있다. 우리는 하나님의 형상이다. 우리는 하나님을 위해, 하나님에 의해, 하나님과 함께 머물기 위해 지음받았다. 그걸 기억하는 게 우리 존재의 목적이다.

쉼, 삶의 의미를 기억하기 위한 시간

우리 가운데 교활하고도 꽤나 인기 있는 거짓 복음이 창궐하고 있다. 어찌나 영향력이 큰지 하나님에 대한 우리의 믿음을 빼앗고, 기쁨을 말살하며, 목적을 상실케 할 정도다.

그것은 표현적 개인주의(expressive individualism)라고 불린다.

팀 켈러는 자신의 책 『일과 영성』에서 이 거짓 '복음'을 언급하면서 우리 사회의 지나친 개인주의 추구와 그 표현들이 공동체적 삶이라든지 사회 구성원을 한데 묶는 진리나 가치관을 몰아내고 말았다고 지적한다. "개인의 신성함을 인정하고 보장하는 쪽으로 현대 사회가 급속하게 기울면서 그 개인들을 한데 묶는 사회 구조를 그려내는 상상력은 점점 소멸하고 있다. 개인을 신성불가침한 존재로 여기는 관념과, 전체를 인식하는 감각이나 공동선(the good of all)에 대한 관심이 균형을 이루지 못하고 있는 것이다."

이 거짓 복음이 가르치는 내용은 대체로 이렇다. "세상의 진짜 문제는, 우리가 자아를 향해 방향을 전환함으로써 하나님과의 관계가 파괴된 데 있지 않다. 진짜 문제는, 우리가 스스로를 표현하지 못하도록 여지껏 종교가 우리를 억압한 데 있다."

이 거짓 복음은 우리에게 은총을 받아들임으로써 창조주에게로 돌아갈 필요를 말하는 대신, 모든 권위로부터 자유롭게 되어 마침내 자기 자신이 궁극의 권위가 되어야 한다고 가르친다. 우리는 하나님의 자애로운 말씀과 지혜 아래 머물 필요가 없고, 오히려 자기 내면을 들여다보고 그 안에서 우리 자신의 말과 지혜를 찾으라고 손짓한다.

이러한 표현적 개인주의 가치관이 각종 SNS, 육아서적, 뉴스, 음악 등 우리 문화 전반에 만연해 있다. 이 복음을 받아들이는 선택을 내린다면, 그 선택은 우리 삶의 진정한 의미를 잃어버리는 대가를 치르게 할 것이다. 우리는 우리 자신을 위대하게 만들기 위해 지음 받지 않았다. 우리는 하나님의 위대하심을 보고 놀라도록 지음 받았다.

> 그러나 그들은 나의 규례를 업신여기며 나의 율례를 행하지 아니하였고, 결국 나의 안식일을 더럽혔다…… 그들은 자기들 마음대로 우상을 따라갔기 때문이다(겔 20:16, 저자).

거짓 복음이 가리키는 곳으로 간들 거기서 삶의 의미를 찾을 수 없다는 것을 어떻게 기억해야 할까? 우리는 멈춰야 한다. 세상의 화려한 매체과 메시지와 음악으로부터 물러나야 한다. 근본주의의 탈을 쓴 망태 할아버지가 우리에게 "당장 그들에게서 **빠져나오라!**"고 호통치는 것처럼 들어선 안 된다. 이것은 우리 주님의 지혜로운 음성이다. "내게로 오라 내가 너희를 쉬게 하리라"

하나님 안에서 안식의 쉼을 누리기 위해 정기적으로 멈출 때, 우리는 우리 안에서 삶의 의미를 찾느라 헤맬 필요가 없음을 기억하게 된다. 또한 하나님 안에서 안식의 쉼을 얻기 위해 정기적으로 멈출 때, 우리는 우리 안에 도사린 어떤 욕망을 우리 정체성의 표지로 내세울 필요가 없음을 기억하게 된다.

이스라엘 백성이 안식일을 망각했다는 사실은 우상 숭배와 곧장 연결되어 있었다. 쉼의 리듬을 잊으면서 그들은 삶의 의미도 잊어 버렸다. 본래 삶의 의미로 가득하던 공간이 비면서 그들은 다른 무언가로 채우려 애쓰게 되었다. 그들의 시선은 반짝이는 금 신상을 향하고, 하나님을 향해 경탄해 마지않던 시선은 더 이상 볼 수 없게 되었다. 그들은 스스로 지혜 있다 하나 어리석게 되어, 썩어지지 아니하는 하나님의 영광을 기억하는 쉼의 리듬을 썩어질 사람과 새와 짐승과 기어다니는 동물 모양의 우상으로 바꿔 버렸다(참조 롬 1:22-23).

로마서를 기록한 바울의 선언은 그때나 지금이나 옳다. 유일한 차이가 있다면, 사람들이 멈추지 않는 이유다. 우리는 더 이상 반짝이는 새와 동물 우상을 숭배하지 않는다. 우리는 이제 거울을 응시한다. 완벽한 셀카를 찍기 위해 팔을 뻗는 것으로 우리는 거짓 신을 숭배한다. 우리는 창조주를 잊어버리고, 피조물로 그분의 자리를 대신한다. 우리는 하나님 대신 우리 자신을 찾는 일에 삶의 가치를 둔다.

우리 자신을 추구하고 하나님을 무시하는 이 영적 숨바꼭질은 아무 소득 없이 실패로 끝나고 말 것이다. 하나님을 찾고 바라볼 때 비로소 우리 자신을 제대로 알 수 있기 때문이다. 아우구스티누스는 이를 매우 아름답게 표현했다.

당신 안에서 참된 쉼을 얻기 전까지, 우리 마음은 제대로 쉴 수 없을 것입니다.

내가 아닌 주님 안에서 쉼을 얻어야 한다.

쉼, 은혜를 기억하기 위한 시간

앞서 언급한 거짓 복음은 종교, 권위, 전통 등의 족쇄를 벗어던지고 나면 참된 나를 찾을 수 있고 진정 행복해질 것이라는 무지개빛 소망을 던져 준다.

정말 그럴 듯하게 들린다. 어쨌든 이 세상은 점점 더 나은 곳이 되고 있지 않은가? 정보 기술, 자원, 교육, 의약…… 이 모든 것이 우리를 이전 세대 사람들이 꿈꾸기만 했던 유토피아로 인도해 줄 가능성을 점점 높이고 있다. 그러니 이것들을 위해 열심히 일하고, 진정한 나 자신이 되기 위해 열심히 일하는 한, 우리는 다음 세대를 위해 더 좋고 더 밝은 세상을 물려줄 수 있다는 것이다. 이 거대한 소망은 우리의 부단한 수고와 노동을 대가로 요구하는 왕국으로 우리를 데려간다.

여기서의 유일한 문제는 이 거짓 복음이 전하는 약속이 결코 실현되지 못한다는 데 있다. 이 거짓 복음을 추종하는 이들이 자아실현의 꿈을 이룰 수 있을지도 불투명하지만 그것과 상관없이 그들의 운명은 정해져 있다. 극단적인 수고와 노동 이후에도 진정한 자신을 찾지 못하게 될 경우 그들은 극단적으로 절망하게 될 것이다. 혹여 이 거짓 복음을 추종하다가 어떤 식으로든 자신의 소망을 이룬 것 같아도, 그것이 우리와 세상을 구원하기에 충분하지 않다는 것을 명확하게 깨닫게 될 것이다. 그들은 여전히 죽어야 할 운명이고 세상은 여전히 고통으로 신음할 것이다. 하나님이 아닌 다른 어떤 것으로든 그들은 구원을 찾을 수도, 얻을 수도 없다. 이는 하나님도 이미 선언하신 바다.

> 그러나 나는, 내 이름에 욕이 될까봐, 그렇게 하지 못하였다. 이방 민족들이 보는 앞에서 이스라엘을 이끌어 냈는데, 바로 그 이방 사람들의 눈 앞에서, 내 이름을 더럽히고 싶지 않았다. 또 나는 광야에서 그들에게 손을 들어 맹세하기를, 내가 그들에게 주기로 한 땅, 젖과 꿀이 흐르는 땅, 모든 땅 가운데서 가장 아름다운 땅으로, 그들을 데리고 들어가지 않겠다고 하였다.
>   그것은 그들이 자기들의 마음대로 우상을 따라가서 나의 규례를 업신여기며, 나의 율례를 지키지 않으며, 나의 안식일을 더럽혔기 때문이다(겔 20:14-16, 새번역).

안식의 쉼을 정기적으로 연습할 때 우리는 참된 복음 안에서 주어지는 하나님의 은혜를 기억하게 된다. 그 시간이 우리가 세상을 구원할 수 없음을 다시 깨달을 만큼 충분히 멈추고 되돌아보는 선물이 되기 때문이다. 물론 우리는 세상을 구원하는 일에 하나님의 동역자로 참여할 수 있으며, 마땅히 그래야 한다. 하지만 우리의 최종 소망은 우리 자신을 구원하고 만족시키기 위해 쉬지 않고 몸부림치는 것이 아니라 하나님이 우리를 구원하시고 만족시키셨음을 쉬지 않고 확신하는 데 있다.

주님이 우리를 죽음에서 건져 내셨다.

그분이 우리 앞에 영화롭고 영원한 땅을 두셨다.

구원은 하나님과 그분이 은혜로 주시는 모든 것에 있지, 우리나 우리가 얻는 것에 있지 않다.

뿐만 아니라, 우리를 향한 하나님의 헌신의 근거는 우리에게 있지 않다. 하나님은 "[하나님의] 이름을 위하여" 일하신다. 하나님이 이스라엘 백성에게 "모든 땅 중의 아름다운 곳"을 주기로 약속하실 때와 마찬가지로, 우리를 가장 영광스러운 땅으로 영원히 데려가시는 데 대한 그분의 헌신은 모든 민족 가운데 자기 이름의 영광을 드러내기 위한 하나님 스스로의 온전한 헌신에 근거한다.

잠깐 멈추고 이 아름다운 소식을 묵상해 보라.

아니, 그냥 넘어가지 말라.

멈추라.

잠시 쉬라. 하루에 한 챕터를 끝내려던 결심을 잠시 잊으라. 책을 내려놓고 눈을 감으라. 이 진리를 묵상하고, 이 진리에 빠져들라.

하나님은 우리를 사랑하신다. 하나님은 우리를 구원하셨다. 하나님은 우리가 도무지 헤아릴 수 없을 만큼 황홀한 미래를 준비하고 계신다. 이 모든 복을 얻기 위해 우리가 할 수 있는 것이 없다. 하지만, 괜찮다. 모든 은혜가 거저 주어졌기 때문이다. 이 복은 그리스도를 믿는다면 누구나에게 적용된다. 누구나에게나. 당신에게도.

이 단락을 다시 읽어 보라.

그 안에서 쉼을 누리라.

그 진리 안에 진정 빠져들기 위해서는 묵상해야 한다. 왜냐하면 우리가 망각하려는 유혹에 계속해서 빠지기 때문이다. 하나님은 우리에게 쉼이라는 선물을 주셔서 하나님과 우리 자신, 그리고 이 세상의 진짜 이야기를 기억하게 하셨다.

기억하기 위해 쉬다

추수감사절 만찬에 참여할 때마다 아내의 가족과 함께했던 첫 만찬이 떠오른다. 이 의식은 내 기억을 일깨운다. 그릴 때마다 그때가 다시 기억나면서 감사한 마음이 든다. 아내에 대해, 우리 이야기에 대해, 지금 이 순간에 대해 감사하게 되는 것이다.

우리에게 안식의 쉼과 의식이 필요한 것은 정기적으로 기억해야 하기 때문이다. 하나님은 우리에게 쉼이 얼마나 필요한지 잘 아시며, 망각의 위험이 얼마나 큰지도 잘 아신다. 정기적인 쉼은 기억하는 의식이다. 분주함이나 산만함, 심지어 선한 행위로 인해 쉼으로부터 멀어질 때 우리는 기억하는 것 자체를 잊어버릴 것이다. 그리고 결국 쉼이라는 의식을 다른 의식으로 대체할 것이다. 집안일, 숙제, 봉사 등 우리에게 필요한 안식을 대체하기에 그럴 듯하게 들리는 의식으로 대체하는 것이다.

최근에 아내와 나는 영화의 밤을 기념하던 방식을 바꾸기로 결정했다. 즉, 함께 하는 시간에 대한 헌신을 의도적으로 새롭게 하기로 한 것이다. 이제부턴 바쁜 일을 처리하기 위해 슬쩍 빠져 나오는 것, 혼자만의 시간을 갖는 것, 집안일을 하는 것 모두 금지다.

안식의 쉼을 연습하려 할 때, 하나님이 쉼의 의식을 어떻게 개선하길 원하실지 생각해 보라. 이 의식의 목적은 분명하다. 이 의식을 통해 우리가 누구인지, 우리가 누구의 소유인지, 그리고 하나님이 우리를 자기 소유로 삼으신 목적이 무엇인지 기억하는 것이다. 쉼을 연습하라. 그리고 기억하라.

3
쉼은 저항이다

"달릴 때, 나는 그분의 기쁨을 느낍니다."
_에릭 리델(Eric Liddel), 〈불의 전차〉에서

"10초 남짓한 외로운 시간에 내 존재를 증명해야 한다."
_해롤드 에이브러햄스(Harold Abrahams), 〈불의 전차〉에서

영화 〈불의 전차〉(Chariots of Fire)는 1924년 올림픽에서 에릭 리델이 명성을 얻게 된 과정을 기록한다. 열정 넘치는 하나님의 사람이었던 리델은 다음과 같은 명언을 남겼다. "달릴 때, 나는 하나님의 기쁨을 느낍니다." 그에게 달리는 일은 하나님을 향한 예배였다.

영화에는 그와 경쟁하는 또다른 영웅, 해롤드 에이브러햄스가 등장한다. 에이브러햄스에게 달리는 일은 하나님을 기뻐하는 것과 아무 관계가 없었다. 그는 자신만의 목적, 즉 자기라는 존재를 입증하기 위해 달렸다. 달릴 때 그에게는 자기라는 존재를 입증할 10초 남짓한 외로운 시간이 주어졌다.

우리가 하는 모든 일의 목표는 둘 중 하나다. 하나님께 영광을 돌리는 것, 아니면 나 자신을 입증하는 것이다. 우리에게 일이란, 존재를 입증할 외로운 10초인가? 그렇다면 일주일에 70시간을 일한다고 해도, 쉼에 대해 논의해 봐야 아무 의미가 없다. 쉼은 그야말로 시간 낭비이자, 나약함에 대한 증거이며, 실패에 대한 인정일 뿐이다.

예수님을 따르는 자들에게 쉼은 나약함에 대한 증거가 아니다. 쉼은 자기 의(self-justification)의 사이렌이 울리지 않게 막는, 심오한 저항 행동이다. 쉼은 연약함을 인정하는 시간이 아니라 저항할 힘을 쌓는 시간이다.

당신은 무슨 일을 하는가?

출애굽 이야기를 기억하는가? 하나님의 백성들을 노예로 삼은 파라오는 끊임없이 일을 시키고 자신은 끊임없는 쾌락 속에 살고자 했던 거짓 신-왕(god-king)이었다. 그의 지배 아래 살지 않는 게 천만다행이라 여겨질 것이다.

아, 하지만 애석하게도 많은 사람이 그의 지배 아래 살고 있다.

이 세상의 신이라 해서 다를 바가 없다. 사탄은 거짓 신-왕이며, '자기 의'라는 거짓 복음을 조장하는 세계관 뒤에 숨어 있다. 오늘 우리가 매력을 느끼는 삶이 주로 외치는 메시지는 매우 분명하다. "내가 하는 일이 곧 나를 규정한다."

믿기지 않는가? 그렇다면 최근에 새로운 누군가와 만난 기억을 떠올려 보라. 그에게 뭐라고 말했는가? 당신이 던졌을 법한 질문 세 가지를 꼽자면, 이름, 가족관계, 그리고 직업이었을 것이다. "무슨 일을 하세요?"라는 질문은 처음 만난 누군가와 대화할 때 흔히 던지는 질문이다. 그리고 "요즘 일은 좀 어때요?"라는 질문은 보다 잘 아는 사람과 대화할 때 자주 사용한다.

"무슨 일 하세요?"라는 질문에 뭔가 인상적인 대답을 하고픈 갈망 때문에, 어떤 이들은 학업에 매진하고 어떤 이들은 밤늦도록 일하며 어떤 이들은 그럴 수 없어 좌절감을 겪는다. 상대방이 어떤 대답을 하느냐에 따라, 우리는 중요도를 기준으로 정리해 놓은 우리의 관계망 목록에서 해당 인물을 어디에 둘지 결정한다. 우리의 관계가 이런 식으로 정리되는 게 현실이라면 정말 끔찍하지 않은가. 사실이 아니길 바라지만 틀렸다. 내가 경험한 모든 관계망 형성 방식도 이와 다르지 않았다.

우리의 관계망 형성 방식이 출애굽 이전 노예로 살던 이스라엘의 형편에 비하면 나은 측면이 있을지라도, 우리에게 내재된 본래의 가치를 말살한다는 면에선 다를 바가 없다. 끊임없이 요구하는 외적인 세상과 끊임없는 필요로 조바심 내는 우리의 마음 모두, 우리를 향해 자기 존재를 입증하라고 요구한다. 이는 파라오의 지배 아래 있는 자들에게 유일하게 허락되었던 노예제나 다름없다. 왜 노예제라고 말하는가? 우리 자신을 향한 끊임없는 요구는 결코 탈출할 수 없는 감옥으로 우리를 몰아넣기 때문이다. 우리는 자신의 존재를 스스로 입증할 만한 능력이 없다. 그럼에도 우리는 스스로에게 줄 수 없는 것들을 위해 쉼없이 일한다. 의미…… 목적…… 자기 의.

우리는 모두 단체복을 입은 채 감옥을 돌아다닌다. 스트라이프 무늬의 죄수복은 아니더라도, 양복과 넥타이, 또는 작업복과 장갑을 착용한 채.

안식의 쉼은 더 이상 우리 스스로 자기 존재를 입증할 필요가 없다고 말한다. 쉼은 우리에게 언제나 일할 것을 강요하는 이 세상의 거짓 신-왕에 맞선 저항 행위다. 쉼은 존재하기 위해서는 뭔가 해야 한다고 강요하는 이 세상의 시스템에 맞선 공공연한 저항이다.

거짓 통치자에 저항하라

예수님에게서 찾아볼 수 없는 것이 있다면, 염려일 것이다. 우리에게도 이 세상을 구원할 임무가 주어졌다고 상상해 보라. 덮어놓고 염려부터 시작했을 것이다. 반면, 그리스도께서는 아버지와의 완전한 관계 가운데 거하셨기에 아버지를 위한 일을 행하실 때에도 평안을 잃지 않으셨다. 그렇기에 그분은 안식의 쉼을 제대로 누리실 뿐 아니라 바르게 가르치실 수 있었다. 안식 문제로 도전받을 때조차.

> [1] 안식일에 예수께서 밀밭 사이로 지나가실새 제자들이 이삭을 잘라 손으로 비비어 먹으니 [2] 어떤 바리새인들이 말하되 어찌하여 안식일에 하지 못할 일을 하느냐 [3] 예수께서 대답하여 이르시되 다윗이 자기 및 자기와 함께 한 자들이 시장할 때에 한 일을 읽지 못하였느냐 [4] 그가 하나님의 전에 들어가서 다만 제사장 외에는 먹어서는 안 되는 진설병을 먹고 함께 한 자들에게도 주지 아니하였느냐 [5] 또 이르시되 인자는 안식일의 주인이니라 하시더라(눅 6:1-5).

안식일을 바라보는 바리새인들의 관점은 예수님과 대

조를 이룬다. 역사적으로 그들은 안식일을 지키는 서른아홉 개의 규정을 만들어 이를 관습화했다. 이들은 제대로 아무것도 안하는 서른아홉 가지 방법을 생각해 낸 것이다. 그렇기에 안식일에 예수님의 제자들이 겉껍질을 벗기려 이삭을 손으로 비비는 걸 목격하고서 경악을 금치 못했다.

    너희는 규정을 어기고 있어!
    너는 제대로 쉬지 않고 있어!
    잘못 멈추는 걸 멈춰!

우리에겐 이 장면이 그리 심각하게 느껴지지 않지만, 당시 성경 속 현장에 있던 무리 중 심각해지지 않은 사람은 아무도 없었다. 무엇보다 바리새인들은 예수님께 분노했다. 예수님이 안식일에 공공연하게 그들의 권세와 영향력을 무시하셨기 때문이다. 하지만 이것은 예수님이 정확히 의도하신 바였다. 그들이 아닌 예수님이 "안식일의 주인"이심을 분명히하고 싶으셨던 것이다. 역설적이게도, 바리새인들은 쉼에 대한 신성한 규율을 따르라고 강요하면서 정작 예수님이 그 쉼의 주인이 되는 것을 허락하지 않았다.

쉼이 무엇보다 중요한 것은, 그분이 쉼의 주인이시기 때문이다.

예수님이 바리새인들을 질책하시는 장면을 읽으며 우리 자신은 바리새인들처럼 안식일을 지나치게 관습화하지 않아서 다행이라고 여길지 모르겠다. 하지만 우리의 그런 안도감이 어쩌면 안식일을 전혀 진지하게 고려해 본 적 없는 무심함에서 비롯된 건 아닌가 돌아볼 필요가 있다. 우리는 이삭을 손으로 비비는 제자들에게 경악하던 바리새인들을 보며 눈썹을 치켜 올릴 수 있지만, 그들과 정반대의 입장에서 바리새인들과 다르지 않은 잘못을 저지르고 있을지 모른다. 안식일을 아예 없는 것처럼 대하는 잘못을 범하면서도 우리의 안일한 태도에 눈을 감는 방식으로 말이다.

예수님의 가르침을 주의 깊게 살펴보라. 주님은 바리새인들의 관점을 받아들이지도 않으셨지만, 안식일 같은 건 필요하지 않다고 말씀하지도 않으셨다. 우리는 안식의 쉼을 배울 뿐만 아니라 그 쉼을 통해 예수님이 안식의 주인이심을 고백해야 한다.

불안에 저항하라

불안은 불신할 때 느끼는 감정이다. 그러므로 쉼을 대하는 우리의 느낌 내지 감정은 우리가 시간, 일, 삶 가운데서 예수님을 정말 신뢰하는지 여부를 드러낸다.

불안이라는 감정이 나의 삶에서 사라진 적은 거의 없었던 것 같다. 그냥 내버려 두었다간 불안감이 터질 듯 끓어오를 것 같아서 나는 요동치는 불안감을 무디게 하기 위해 갖은 방법을 써봤다. 예수님과 비교해 보라. 그분보다 더 많은 것을 이룬 사람이 있는가? 나는 지금 이 책을 집필하기 위해 상당한 애를 쓰고 있다. 반면 그분 앞에는 사탄, 죄, 죽음, 지옥, 무덤 등을 물리치는 일이 놓여 있었다. 그럼에도 불구하고 복음서를 읽으면서 예수님이 압박감에 시달리고 있다는 인상을 받는 사람은 아무도 없을 것이다. 그 이유가 무엇일까? 이는 그분이 안식의 주인이요, 쉼의 통치자이자 쉼의 전문가이시기 때문이다.

불신할 때 찾아드는 감정이 불안이라면, 평안은 예수님을 신뢰하는 자들이 얻는 열매다.

태어나면서부터 우리는 파라오가 만든 것과 다르지 않은 시스템 속으로 들어왔다. 여기서는 우리의 존재를 입증하고 쉼을 얻기 위해 끊임없이 일할 것이 요구된다. 하지만 **예수님**으로 말미암아 거듭난 우리가 들어온 하나님의 새로운 세상에는 새로운 시스템이 작동한다. 일은 (우리에게 쉼을 허락하기 위해 죽으신) 우리 왕을 섬기는 삶으로의 부르심이다. 일은 하나님을 기쁘시게 하는 하나의 방식이다. 일과 **쉼**은 그분의 기쁨을 누리는 올바른 길이 된다.

월터 브루그만(Walter Brueggemann)은 자신의 책 『**안식일은 저항이다**』(IVP 역간)에서 다음과 같이 말한다.

> **현대의 불안한 생존 경쟁 속에서 사는 우리에게 안식일을 지키는 것은 하나의 저항이자 대안이다. 그것이 저항인 이유는 상품 생산과 소비가 우리 삶을 좌지우지하지 않는다는 것을 가시적으로 드러내기 때문이다.** …… **하지만 안식일은 저항일 뿐 아니라 대안이기도 하다. 안식일은 요구하고 떠들며 구석구석 스며든 광고라는 존재, 그리고 우리의 휴식 시간 전체를 집어삼킨 프로 스포츠의 예전적 요구에 대한 대안이다. 이에 대한 대안은 우리가 하나님의 선물을 받아들이는 쪽에 위치해 있음을 깨닫고 실천하는 것이다.**

우리는 하나님의 선물을 힘들여 얻어 내는 쪽이 아니라 값없이 받아들이는 쪽에 위치해 있다.

바리새인들이 예수님께 분노한 것은 쉼과 자아에 대한 그들의 관심이 일련의 규정을 따르느냐에 온통 달려 있었기 때문이다. 이 일련의 규정은 하나님이 정하신 것도, 우리의 유익을 위한 것도 아니었다. 예수님이 평안을 누리신 것은 참된 쉼이 우리의 유익을 위한 하나님의 은혜에 달려 있음을 알고 계셨기 때문이다. 바리새인들의 규정은 안식일의 참 의미를 속였다. 우리를 둘러싼 세상의 규정 역시 우리를 속이고 있다.

여기서 던져야 할 질문은 단순하다. 우리는 바리새인과 예수님 중 누구의 감정과 맞닿아 있는가? 불안과 분노인가? 평안과 신뢰인가? 예수님을 신뢰하지 않는 사람은 쉬면서 불안을 경험한다. 예수님을 주님으로 고백하는 사람은 쉼을 통해 불안에 저항한다. 그것이 중요한 차이다.

자주성에 저항하라

"하나님이 정말로…… 라고 말씀하셨느냐?" 이는 사탄이 하나님의 주권을 폄훼하기 위해 던진 첫 질문이었다(창 3:1,

새번역). 거역하기를 밥먹듯 하는 우리가 유독 선호하는 질문이기도 하다.

"하나님이 정말로 나에게 쉬는 날이 필요하다고 말씀하셨는가?"

"하나님이 정말로 내게 일을 잠시 멈춰야 한다고 말씀하셨는가?"

온갖 규정에 얽매여 준수를 고집하는 자들은 여기에 한마디를 덧붙인다.

"하나님의 말씀만으로 정말 충분한가?"

아우토스(authos)와 노모스(nomos), 두 헬라어 단어에서 비롯된 자주성(autonomy)은 스스로가 법이 된다는 의미를 갖는다. 이 세상의 통치자는 우리 스스로에게 명실상부한 자주성이 있다고 믿게 만들기를 좋아한다. 물론 현실은 그렇지 않다. 그런데도 우리는 행복한 착각에 빠져 이 세상의 통치자가 만든 미로 속으로 더 깊이 들어가고 만다.

종교인들은 스스로가 법이 되겠다는 우리의 자주성이 잘못임을 알지만 규율이라는 지도를 이용해 그 미로에서 탈출하려 시도한다. 하지만 이 방법이라고 나을 게 없다. 하나님의 말씀에 무언가를 덧붙일 때, 우리는 우리가 하고 싶은 것을 하고, 우리에게 최선으로 여겨지는 방식으로 우리 삶을 운영할 것이기 때문이다.

"하나님이 정말로 그렇게 말씀하셨느냐?"와 "하나님의 말씀만으로 정말 충분한가?"라는 두 가지 질문은 어느새 우리를 더 깊은 죄악과 탈진으로 몰아넣는다. 이 두 질문은 반역하려는 기질과 종교성이라는 두 가지 다른 출발점에서 시작하지만, 자주성을 갈망하는 마음에서 비롯된다는 점에서는 같다.

성경이 말하는 쉼은 두 가지 측면에서 발현되는 자주성에 대한 저항 행위다. 안식의 쉼은 예수님이 우리 삶의 주인이심을 정기적으로 상기시킴으로써, 우리를 갉아먹는 갈망, 즉 우리 스스로 우리 삶을 운영하려는 갈망을 향해 '노'(No)라고 말하는 연습이다.

우리가 자주 사용하는 말을 떠올려 보라. "나는 나여야 해." "나는 진정한 내가 되고 싶어." "너는 너다워야 해." 때로는 매우 기독교적으로 비치는 강박적 질문도 있다. "내 삶을 향한 하나님의 뜻은 무엇이지?" 이는 우리가 수시로 출석하는 '내가제일' 교회에서 예배 때마다 읊는 신앙고백이다. 이 교회에서는 우리가 가능한 한 우리다워지려면 우리 내면을 들여다보라고 설교한다.

그저 깊고 어두운 자아의 동굴로 뛰어들어 땅을 파라.

계속 파라.

그러다 보면 가장 우리다운 우리가 성취한 모든 것과 사랑한 모든 존재를 전시해 둔 곳을 발견할지 모른다.

하지만 이는 불안한 십대들에게나 멋지게 들릴 조언일 뿐이다. 진실은 우리가 그리스도께 가까이 나아갈 때 비로소 진정한 자기를 만나게 된다는 것이다. 우리 자신의 잠재의식 속을 헤매고 다니는 게 아니라, 우리의 전 존재를 그리스도께 드림으로써 우리 자신을 찾을 수 있다.

안식의 쉼은 우리가 이 동굴에서 도망쳐 나와 동산으로 올라가서 우리의 구세주와 만찬을 나누게 돕는다. 안식의 쉼 가운데 예수님과 함께 식사하는 것은 우리 스스로에게 집착하거나(비종교적 자주성) 서른아홉 개의 규정을 완벽히 준수하는 것(종교적 자주성)과는 다르다. 안식일에 예수님과 마주 앉아 먹고 시간을 보내는 것은 이 두 가지 유혹 모두에 저항하는 것이다.

압제에 저항하라

아놀드 클링(Arnold Kling)은 그의 책 『정치의 세 가지 언어(The Three Languages of Politics)』에서 현대의 자유주의 사회를 지배하는 이야기에 대해 설명한다. 그 이야기는 바로 압제 당하는 사람들, 압제하는 사람, 해방시키는 사람에 대한 이야기다. 오늘날 이 이야기는 수많은 새로운 이야기의 뼈대를 형성한다. 정치적으로 이 이야기는 하나의 집단을 다른 집단과 대립시키는 데 사용된다. "부유한 자들은 가난한 자들을 압제하고 있습니다. 여러분이 저희를 위해 투표해 주시면, 저희가 그들을 해방시킬 것입니다!" "정부는 국민을 압제하고 있습니다. 저희를 위해 투표해 주시면 여러분을 해방시키겠습니다!"

그러나 성경은 이 압제와 해방의 이야기를 하나의 민족과 다른 민족의 대립 구도로 제시하지 않는다. 오히려 모든 민족을 하나로 연합시켜 우리의 진짜 대적과 맞서게 하는 구도로 이야기를 풀어간다.

파라오가 이스라엘 백성들을 압제하며 자신을 위해 강제노역을 시킨 것처럼, 사탄은 우리를 압제하고 자신을 위해 일하게 만들기를 기뻐한다. 하지만 우리의 파라오 사탄은 훨씬 교활하다. 압제당한다는 것을 모른 채, 우리가 우리의 꿈을 위해 살고 있다고 생각하게 만들기 때문이다. 그러는 동안 우리는 그저 우리 목에 달린 사슬을 점점 죄게 될 뿐이다. 더 많은 돈을 벌고, 완벽한 자녀를 키우고, 좋은 성적을 받고, 심지어 많은 교회를 개척하거나 선교단체를 세우는 것조차 우리 대적의 손에서는 위장된 족쇄처럼 작용하기가 쉽다.

인스타그램을 열어 다른 이들이 올린 완벽해 보이는 순간의 사진들을 볼 때마다 우리는 이런 자괴감을 느낀다. "내가 어떻게든 성공했다면, 저렇게 했을 텐데/저걸 가졌을 텐데/저런 존재가 되었을 텐데/저길 갔을 텐데."

붐비는 도심 건물의 현란한 광고판에서는 초 단위로 다음과 같은 메시지들이 뿌려진다. "정말 멋진 사람처럼 보이고 싶다면, 이걸 해야 해요!"……

우리는 자신도 모르는 사이에 (구태여 그렇게 살 필요가 없음에도) 그렇게 살도록 교묘히 강요당하고 있다. 거기에서 비롯된 불만은 결국 자기-감금으로 이어진다.

다른 말로 하자면, 우리는 압제당하는 자들이다. 하지만 이 이야기에서 반전은 우리가 또한 압제하는 자라는 것이다. 우리는 주변 문화의 강요에 동조하고 있다. 심지어 그 문화가 우리를 짓밟는 동안에도 말이다. 우리는 교사, 부모, 정치, 대중에 의해 가해지는 압력에 시달리면서 동시에 동참한다. 심지어 우리가 이로부터 벗어나길 바랄 때에도 말이다.

안식의 쉼을 선택한다는 것은 매주 이렇게 선언하는 것을 의미한다. "안 돼. 나는 그들이 강요하는 대로 살기보다 나의 구주가 원하시는 대로 살 거야." 안식의 쉼을 선택할 때 우리는 우리 내면 깊은 곳에 자리한, 하나님을 향한 불신을 끄집어낼 질문들과도 직면하게 된다.

"나는 누구를 위해 또는 무엇을 위해 일을 하는가?"

"오늘 이 상황에서도 하나님의 공급하심을 믿고 멈출 수 있는가?"

"내 아이가 다른 아이들처럼 충분한 부모 밑에서 자라지 못해도 하나님이 온전히 키우고 자라게 하실 것을 신뢰하는가?"

"내 삶에서 안식일의 주인은 누구인가?"

대답하기가 쉽지 않다. 하지만 이러한 질문들을 충분히 오래 생각하고 솔직하게 대답할 수 있을 만큼, 멈추고 안식의 쉼을 누릴 때에야 우리는 비로소 바른 답을 찾을 수 있다. 그리고 압제에서도 벗어날 수 있을 것이다.

우상에 저항하라

모든 문제는 예배에서 발현하고 예배로 귀결된다. 생각해 보라. 우리의 세상이 마땅히 그래야 하는 만큼 하나님을 예배하고 있었다면, 현대 사회의 스트레스와 불안은 지금과 전혀 다른 양상을 보였을 것이다. 하지만 요란스럽고 인기도 많고 요구사항이 많은 우상들 때문에 그렇게 하기가 어렵다. 바알과 아세라 같은 고대의 이방 신들에 대해 하나님이 개탄하신 것은 단순히 그들이 거짓 신이기 때문만이 아니었다. 그들의 요구사항이 지나침을 넘어 가증스럽게도 성적 문란, 자해, 심지어 아이를 제물로 바치는 데까지 이르렀기 때문이었다.

우리가 추앙하는 현대의 우상들도 가증스럽기는 매한가지다. 돈은 우리에게 끝없이 일할 것을 요구하고, 통제력은 우리에게 해롭고 멈출 것 같지 않은 불안을 재촉한다. 매력적인 외모는 사랑 없는 하룻밤의 성적 만족을 요구한다. 우리 세상에서 가장 강력한 신이라 할 수 있는 '거울 속의 나'는 완벽한 자주성을 요구한다. 이 때문에 자녀들은 자신들의 미래를, 심지어 자신들의 삶을 대가로 치르는 성급한 결정을 내리기도 한다. 우상숭배가 하나님을 불쾌하게 만들기만 하는 게 아니다(물론 이것만으로도 충분히 끔찍하다). 조만간 이 거짓 신은 숭배자들을 삼켜버릴 것이다.

바리새인들이 예수님을 향해 안식일을 범했다고 비난했을 때, 그들은 자신들이 하나님을 섬기고 있다고 생각했을 것이다. 현실은 그렇지 않았다. 예수님은 답변 과정에서 그들의 잘못된 교리를 바로잡으셨을 뿐 아니라 그들이 숭배하는 우상이 무엇인지도 드러내셨다. 바리새인들은 유대교를 신봉하는 민족주의자들이었다. 예수님이 그들을 책망하시기 위해 민족의 영웅, 다윗을 인용하신 것도 이 때문이었을 것이다.

> 예수께서 대답하여 이르시되 다윗이 자기 및 자기와 함께 한 자들이 시장할 때에 한 일을 읽지 못하였느냐 그가 하나님의 전에 들어가서 다만 제사장 외에는 먹어서는 안 되는 진설병을 먹고 함께 한 자들에게도 주지 아니하였느냐(눅 6:3-4).

미국에 자부심을 갖는 이들에게 조지 워싱턴이 있다면, 바리새인들에게는 다윗 왕이 있었다. 이들이 추앙하는 영웅을 환기시킴으로써, 예수님은 그들이 무엇을 위해 살고 있는지 친히 알고 계심을 그들로 깨닫게 하셨다. 그들은 하나님께 충성하기보다는 유대인의 민족주의에 심취해 있었을 뿐이다. 그들의 영웅, 다윗이 그들의 안식일 규정을 어겼다고 말하는 것은, 워싱턴이 독립전쟁을 벌이는 동안 영국 쪽으로 마음이 기울어 있었다고 밝히는 것과 같았다. 하지만 예수님은 그들을 화나게 하려고(이는 단지 부산물일 뿐이었다) 이 말씀을 하신 게 아니었다. 예수님은 그들의 우상을 폭로하려 하신 것이었다.

우리에게도 우리의 우상을 폭로하시는 예수님이 필요하다.

안식의 쉼을 허락하시는 예수님의 부르심을 진지하게 받아들이지 못하게 막는 것이 무엇이든, 우리는 그것을 예수님보다 더 사랑하고 숭배하고 있을 것이다. 우리가 쉼을 거부하는 중대한 이유 한 가지는, 우리가 멈출 경우 삶의 목적으로 추구하는 것들이 만족할 만큼 제공되지 않을 것이라고 마음 깊이 믿고 있기 때문이다.

그리스도 안에 있을 때보다 직장에서 성과를 거둘 때가 더 만족스럽다면, 쉬는 것이 불편하게 느껴질 것이다. 하나님의 자녀로 살기보다 아이들의 부모 역할에 더 매진하고 있다면, 멈추는 것에 죄책감을 느낄 것이다. 어린 자녀, 회사에서의 인정, 연로한 부모 등으로부터 오는 부담과 요구가 크다는 것을 잘 안다. 하지만 예수님은 다음과 같은 말씀에 어떤 예외도 허락하지 않으신다.

"인자는 안식일의 주인이니라"(마 12:8, 막 2:28, 눅 6:5).

돈은 적게 얻더라도 그리스도를 더 얻으라.

자녀에게 "노(No)"라고 말하더라도 하나님을 향해 "예스(Yes)"라고 말하는 모습을 자녀에게 보여 주라.

예수님은 우리를 안식의 쉼 가운데 초대하시려고 가장 위대한 사역을 친히 이루셨다. 이 세상에서 신이라 불리는 다른 어떤 존재도 우리를 아무 조건 없이 사랑하지 않는다. 예수님이 아닌 그 어떤 신도 우리를 위해 목숨을 바치지 않는다.

예수님은 그분이 허락하시는 쉼이 우리가 숭배하는 우상의 거짓 약속보다 훨씬 좋다는 사실을 신뢰하라고 청하신다. 그분 안에서 우리가 누릴 평안이 우리가 노력하여 이룰 그 어떤 것보다 선하다는 진리를 신뢰하라고 청하신다.

무기를 들라

그러면 어떻게 해야 하는가? 우상을 부숴버리고, 압제를 거부하고, 자주성에 저항하고, 불안을 평안과 맞바꾸는 방식으로 안식의 쉼을 누리려면 어떻게 해야 할까?

첫째, 가벼움과 여유를 품을 수 있어야 한다. 불안이 가득한 사람들은 재미를 모른다. 나의 경우도 비슷하다. 지나치게 진지 모드로 하루를 보내다 보면 아이들과 놀아줄 마음의 여유가 사라진다. 내가 그렇다는 걸 깨닫고 나선 가능하면 자주 웃는 모습을 보여주려 노력한다. 월터 부르그만이 말했듯, 쉼은 우리가 하나님의 선물을 그저 받는 쪽에 위치해 있음을 상기시키기 위한 것이다. 이를 기억할 때 우리는 믿을 수 없을 정도의 평안을 누리고 생명력을 회복할 수 있다.

쉼에서 핵심이 되는 둘째 부분은 리듬이다. 내 마음대로 아무 때나 쉰다거나 자기만의 방식으로 쉬는 건, 여전히 우리 스스로가 보스라고 주장하는 셈이다. 따라서 규칙적인 쉼의 리듬을 찾아야 한다. 정해진 때에 규칙적으로 내려놓는 습관이 자리잡을 때 하나님께 반항하고 홀로서기를 고집하는 우리의 태도를 바로잡을 수 있다. 정기적으로 잡초를 제거하는 정원처럼, 우리의 삶은 가시덤불과 엉겅퀴로 뒤덮이지 않을 것이다.

셋째, 일이 아닌, 활동을 시도해 보라. 일이 아닌 활동을 그저 즐거워서 하는 것으로도, 그것은 우리를 향한 압제와 통제에 저항한다는 면에서 쉼이 될 수 있다. 취미 생활이 대표적이다. 여기서 취미란, 돈을 벌기 위해서가 아니라 쉬기 위해 하는 무언가를 말한다.

나는 집 주변에 무언가 만드는 것을 좋아한다. 겉으로는 일하는 것처럼 보여도 나는 안다. 그것이 쉼이라는 것을. 무언가를 만드는 동안 나는 일에서 완전히 벗어나 있다. 내 직업으로 하는 일이 아니기에 나에겐 그것이 여가활동이다. 나는 또한 달리는 것도 좋아한다. 쉬는 날 소그룹 모임을 해보면 어떻겠느냐 내게 말한다면, 나는 별 흥미를 느끼지 못할 것이다. 목사인 나는 늘 그런 일을 하기 때문이다.

이렇게 반문하는 사람들도 있을 것이다. "취미 생활을요? 내가 얼마나 바쁜지 몰라서 하는 소리겠죠." 당신이 나와 다르지 않다면, 쉬지 못할 이유는 정말 많다. 타당하고 합리적인 이유가 수백 가지나 된다.

"회사는 저 없이 굴러가지 않고요, 아내와도 시간을 보내고, 아이들도 돌봐야 하고, 이웃에게 복음도 전해야 하고, 교회에서 조원들 목양도 해야 해요. 근데 제가 태권도라도 배우길 바라시나요?"

그렇다. 나는 당신이 태권도라도 배우길 바란다. 아니면 목공은 어떤가? 다른 무엇이라도 좋다. 당신이 정말 중요한 사람이지만, 멈출 수 없을 만큼 중요하진 않기 때문이다. 유별난 사람이 아니라면, 당신도 예수님을 따르고 싶은데, 그것이 점점 더 많은 일을 하는 것을 의미한다고 생각하는 현대인 중 하나일 것이다. 그리고 이 생각은 옳지 않다. 당신은 쉬도록 해방되었다. 이제 당신의 어휘 무기고에서 가장 강력한 단어를 사용하라. "노(No)!" 거룩한 일에 '예스'라고 말하기 위해 좋은 일에 '노'라고 말하는 것은 죄가 아니다.

마지막으로, 정기적으로 예배하라. 결국 쉽은 일하라고 재촉하는 우리 우상의 사이렌에 대한 저항 행위다. 멈춤으로써, 우리는 성취, 돈, 자기 결정권이라는 거짓 신들에 맞서 무기를 든다. 그러니 쉴 때 예배하라. 내가 상담하는 많은 사람이 쉬는 날에는 성경을 펴지 않는다는 것을 알 때마다 놀라곤 한다. 안식의 쉼은 예수님에게서가 아니라 예수님과 함께 쉬는 법을 배우는 것이다.

무엇을 위해 일하는가?

우리가 하는 모든 일은 하나님을 영화롭게 하는 것과 우리 존재를 입증하는 것, 이 두 가지 중 하나를 위한 것이다. 쉼도 마찬가지다. 그래서 우리는 무엇을 위해 일하는가? 쉼을 갖고 있다면, 무엇을 위해 쉬고 있는가? 우리의 삶은 우리라는 존재를 입증하기 위한 외로운 10초에 불과한가? 우리의 삶은 거짓 신으로 숭배받는 우상을 위한 끊임없는 수고와 불안의 시간인가? 복된 소식이 있다. 하나님은 우리가 그렇게 살도록 내버려두지 않으실 것이며, 우리에게 복 주시기 위해 어떤 것도 아끼지 않으실 것이다.

에릭 리델이 매순간의 경주를 즐기고 열심히 달릴 수 있었던 것은 이 때문이었다. 그가 매진한 경주는 하나님을 향한 예배였고, 결과는 그다지 중요하지 않았으며, 그렇기에 그의 일과 쉼은 평화로울 수 있었다.

이쯤에서 떠오르는 반문이 있다.

"네, 암요. 쉼은 중요하죠. 하지만 어떻게요? 이미 월요일부터 금요일까지 근무 일정이 빡빡합니다. 교회도 섬기고요. 주말에 아이들 특별 수업에도 데려다주어야 해요. 그런데 어떻게 쉴 수 있겠어요?"

앞으로 그 주제에 대해서도 다룰 예정이다. 이 장에서 기억할 것은 다음과 같다. "안식은 주님을 위해 구별된, 쉼을 위한 시간이다." 그리고 우리가 실제로 쉬기에 앞서 쉬기를 원해야 한다. 쉼은 기억하는 것이다. 쉼은 우리 스스로에게 집착하거나(비종교적 자주성) 안식일에 관한 서른아홉 개의 규정을 완벽히 준수하려는(종교적 자주성) 시도에 저항하는 것이다. 이 두 가지 거대한 유혹에 빠지지 않기 위해 우리는 예수님을 쉼의 주인으로 기억하고 섬겨야 한다.

그리고 우리가 예수님을 쉼의 주인으로 기억하고 섬겨야 할 두 가지 중대한 이유가 더 있다.

4
쉼은 관계를 회복시킨다

"아빠들에겐 내일이 너무 많다."
_작자 미상

"얘들아, 나가기 전에 장난감 정리해야지?"

나는 아빠로서 낼 수 있는 가장 다정한 목소리로 말했지만, 이미 짜증이 스멀스멀 올라오고 있었다. 일하러 가야 하는 나는 책상 정리를 하던 중이었고, 등교해야 하는 아이들은 "등교하기 전에는 놀이 금지"라는 중요한 규칙을 어긴 상태였다. 조금 전까지만 해도 깔끔했던 방이 이제는 그렇지 않았다. 아이들이 통제되지 못한 에너지로 장난감을 이리저리 내던지는 소리가 요란했다.

기나긴 5분이 흘렀다. 정리중이라기엔 아이들 웃음소리가 너무 밝았다.

"이 녀석들!"

목소리가 최대치로 올라갔다. 아이들은 나를 돌아봤다. 여태까지의 즐거움을 감추지 못해 반쯤은 웃는 얼굴로, 그러나 곧 그 즐거움이 꺾일 게 분명하기에 반쯤은 심드렁한 얼굴로.

"얼른 정리해!"

이 날의 일정이 나에겐 초능력자만이 감당할 수준이라는 걸 아이들은 왜 몰라 주는 걸까? 이 날은 여느 때와 다른 수요일이었다! 아이들이 공부하는 동안 나는 일하고, 아이들 수업을 마치면 스포츠 클럽과 아동부 모임에도 데려다 주어야 하고, 아이들이 잠자리에 들고 나면 부리나케 목회자 회의에도 가야 하는 그 수요일! 처음에 3분이 늦으면 빡빡한 하루의 나머지 일정도 늦어지고 말 것이다.

아이들은 결국 정리를 제대로 못했고, 나는 어떻게든 집을 나서야 했다. 준비가 채 안 된 아이들을 허겁지겁 이끌고 아내에게 소리를 질렀다.

"나 지금 가야 해!"

나는 가방을 손에 쥐고 필요 이상으로 문을 세게 닫았다. 있는 힘껏 닫은 건 아니었지만, 내 불만을 드러낼 만큼은 세게 닫았다.

그날 내가 감당해야 했던 일들은 결코 내 취향이 아니었다. 네 명의 아이들을 등교시키고 난 다음부터 이어지는 회의, 예산안 작성, 이메일 보내기 등의 크고작은 일들을 스타카토처럼 빨리빨리 처리해야 했다. 제대로 일처리가 되었는지 확인을 못한 상태에서 다시 아이들을 만날 시간이 되면, 다시 가방을 집어들고 '내가 기분이 몹시 가라앉아 있다는 걸 누군가 알아 주었으면 좋겠다'는 티를 팍팍 내며 사무실 문을 반쯤 힘주어 닫았다.

네 아이 중 둘째와 셋째가 스포츠 수업에 늦었다며 투정을 부린다. 첫째는 청소년 모임에 지각했다며 입이 한껏 나와 있다. 막내 녀석은 거리를 지나는 모든 사람이 자기 노래를 꼭 들어야 한다며 무한반복하느라 아무 곳에도 가지 못했다. 빈틈없는 하루의 일정이 끝나고 그 중간중간 어디쯤에서 아이들을 먹인 후 우리는 집으로 향했다. 차로 향하는 그 짧은 순간에도 아이들은 도무지 이해 못할 이유로 말다툼을 벌였다.

"서둘러! 빨리 차에 타!" 나는 아이들이 다투는 소리보다 더 크게 소리를 질렀다. 가방을 운전석에 패대기 치고는 차문을 닫았다. 있는 힘껏!

집에 도착했다. 아이들의 말다툼이 또 시작되었다. 내 마음속 좌절감은 없는 척 무시하고, 나는 아이들이 잠자리에 들 때까지 화기애애한 시간을 보내겠다고 다짐했다. 하지만 문득 시계를 보니…… 회의에 늦었다. 또다시 좌절감…… 늦게라도 들어가서 그날의 회의는 짧게 '때우기로' 했다.

지나고 생각해 보면 그날은 특별할 것 없는 보통의 하루였을 것이다. 나는 그렇지 않았다. "오늘 하루 어땠니?" 하고 아빠로서 아이들에게 관심 있는 척 묻기도 했지만, 속으로는 회의에 늦을까 봐 조바심을 내고 있었다. 혹여 아이들이 그날 하루 동안 일어난 놀랍고도 즐겁고 신기하며 때론 기분 나빴던 온갖 이야기를 쏟아 냈다 한들, 나에겐 들어줄 여유가 없었다.

회의를 하러 뒤늦게 집을 나서면서 나는 '조용히' 문을 닫았다. 문을 닫는 그 순간에 끔찍한 생각 하나가 떠올랐기 때문이다. 내가 멈추지 않으면 아이들을 망칠 것이라는 생각이었다. 회의에 늦기까지 했으니, 그날 나에게서 조언을 구한 동료에게 내가 도움이 되었는지 지금도 확신이 서지 않는다.

내면의 속삭임

내 이야기가 지금 당신이 처한 상황과도 아주 동떨어지진 않을 것이다. 우리가 살아가는 이 세상의 속도는 모든 면에서 현기증이 날 정도다. 24시간 뉴스 채널, 소셜 미디어 스트림, 각종 알람, 팝업 광고, 메시지 등은, 우리가 신체적으론 어제보다 느려지라도 정신적으로는 어제보다 더 빠르고 더 많은 집중력이 필요함을 의미한다.

우리는 이 모든 것을 완벽하게 감당할 수 없다. 우리는 풍족하게 충분히, 아니 성공적일 만큼 충분히 정보를 얻을 수 있다. 그렇다고 분주함이 덜어지진 않는다. 분주함이 우리를 짓누른다.

일로 인한 분주함, 가족으로 인한 분주함, 학업으로 인한 분주함, 교회로 인한 분주함, 관계로 인한 분주함 등이 우리가 차려내야 할 식탁 주위로 인상을 찌푸린 음식평론가들처럼 앉아 있다. 이들은 저마다 우리를 긴장시키기 위해 목소리를 높이고 요구사항을 제기한다.

감당할 일이 너무 많은 우리는 그만 자신도 모르게 문을 쾅 닫고 만다.

하지만 들을 귀가 있다면, 쏟아지는 요구사항과 시끌시끌한 항의를 경고 사이렌으로 들을 수 있어야 한다. 즉, 우리가 너무나 자주, 너무나도 쉽게, 분주함으로 인해 무너지고 있으며 무엇보다 관계가 망가지고 있다는 경고로 말이다. 소중한 많은 것이 무너지는 그 순간에도 심지어 우리는 그 사실을 인지하지 못하고 있는 것은 아닌가. 우리가 사랑하는 사람들과 우리가 예배하는 하나님과도 얼마나 멀어져 있는지 돌아볼 시간인 것이다.

칼럼니스트인 주디스 슐레비츠(Judith Shulevitz)는 현대 생활의 파괴적인 분주함에 주목했다. 내가 그녀에 대해 처음 들은 것은 팀 켈러(Tim Keller) 박사의 '일과 쉼'이라는 제목의 설교를 통해서였다. 건강하지 못한 일과 우리의 관계에 대한 팀 켈러의 통찰, 그리고 안식에 대한 슐레비츠의 묵상에 충격을 받은 나는 그녀가 쓴 책도 읽어보기로 했다.

뉴욕 시의 빌딩 숲 사이에서 생활하던 슐레비츠는 어느 날 분주함에 꼼짝 없이 붙들려 살고 있는 자신을 발견했다. 유대인의 뿌리를 갖고 있던 그녀는 가족들이 오랫동안 지켜오던 안식일의 전통을 돌아보게 되었고 그로부터 깨달은 것을 다음과 같이 정리했다. "힘들고 단조로운 노동은 안식일이 되면 축제, 가족 모임, 때론 예배에게 길을 터주어야 한다. 뿐만 아니라 안식일은 끝없이 이어지는 자책의 속삭임을 잠재우고 자기 검열이라는 기계를 멈춰 세우는 날이다." 슐레비츠가 자신의 책 『안식의 세계』(The Sabbath

World: Glimpses of a Different Order of Time)에서 언급한 내용은 꼭 나의 수요일을 묘사한 것만 같다.

앞서가려 노력하는 여느 사람들처럼, 아이를 낳기 전의 나는 평일에 야근할 뿐 아니라 주말에도 출근 도장을 찍었다. 그러고는 친구들을 만나면 자랑스레 불평했다. 아이들을 낳고 나선, 기저귀를 갈 때마다, 함께 산책할 때마다, 식사할 때마다 짜증을 내며 서둘렀다. 경제적인 독립, 직업 세계에서의 생존, 자기 효능감, 언젠가 집밖을 나가도 살아갈 수 있다는 믿음 등을 유지할 다른 방법이 보이지 않았다. 안식일을 마땅히 지켜야 할 수준대로 지키는 것은 엄밀히 말해 동경의 대상처럼 느껴졌다.

슐레비츠가 자신도 들었노라고 고백한 "끝없이 이어지는 자책의 속삭임"은 죄가 우리 마음에 심어 놓고 반복재생시키는 음성이다. 과거의 실수는 죄책감과 한 패가 되어 우리를 괴롭힌다. 과거의 상처는 수치심과 손을 잡고 흉터를 헤집는다. 오늘 드러난 결점은 앞으로도 실패가 계속될 것이라고 우리에게 속삭인다.

우리 내면에서 울리는 속삭임은 어떤 것들인가? 우리의 삶에서 가장 많은 시간과 에너지를 쏟는 세 가지 일이 사라진다고 상상해 보라. 이제 스스로에게 물어 보자. 우리에게는 무엇이 남을 것인가? 학교, 직장, 배우자, 교회 사역 등이 사라지고 아주 단순해진 우리 자신만 남게 되었을 때, 우리는 무엇을 보고 있을 것 같은가?

우리가 보게 될 것은 속삭임이다. 우리가 저지른 죄의 소음, 우리를 향해 끝없이 외치는 죄의 소음이다. 어쩌면 그것은 우리의 불안과 두려움, 어두운 동기로 가득한 속삭임이다.

그것은 우리가 최대한의 속도로 최대한의 수고를 기울이도록 채찍질할 준비가 언제든 되어 있다. 우리는 그 속삭임으로부터 도망치기 위해 무엇이든 하려 할 것이다.

도망칠 수 없다면 최대한 덮어야 한다. 바쁜 일상의 소음으로 이 속삭임을 덮는 것이 가장 효과적인 방법으로 보인다. 이때부터 우리는 일시정지라는 것을 잊고 살게 된다. 일시정지 버튼을 눌러 바쁜 일상의 소음이 멈출 때 이 속삭임이 다시 수면 위로 드러날 것을 우려하기 때문이다.

우리가 멈추지 못할 때, 더 이상 빠른 속도로 페달을 밟을 수 없을 때까지 땀을 흘릴 때, 우리의 관계는 무너지고 있을지 모른다. 왜 그런가? 관계는 쉼을 필요로 하기 때문이다. 그리고 쉼은 관계를 회복시키기 때문이다.

관계를 위한 공간

쉼은 관계를 돌이키고 바로잡을 수 있는 공간을 만들어 낸다. 하나님, 그리고 소중한 사람들과의 관계를 위한 여유 공간을 마련하고 이들 관계가 튼실하게 성장해 가는 데 필요한 산소까지 공급한다. 하지만 쉼을 정말 잘 '행하고도' 관계 부분을 놓치는 게 가능하다.

처음으로 안식의 쉼을 연습하기 시작했을 때, 나는 매주마다 새롭게 돌아오는 안식을 누리기 위한 일정표를 짰다. 최선을 다해 쉬리라 다짐하면서 목록을 작성하고 실행 여부를 체크하고 그 다음 계획을 실천했다. 기도, 독서, 혹은 운동 시간에 아이가 뛰어들어와 방해라도 할라치면 나는 조용히 손짓하며 아이를 쫓아냈다. 아내가 예정에 없던 문제로 상의하고 싶어 하면 나는 나중에 얘기하자고 정중히 밀어냈다. 적어도 내 가족은 내가 쉬려고 노력한다는 걸 이해해야 하지 않는가?

나만 몰랐다. 내가 꽤나 당황스럽게 행동했다는 걸. 내가 굳이 내 실패담을 나누는 것은, 제대로 쉰다고 해서 모든 게 해결되는 것이 아님을 말하기 위해서다. 우리가 자신만의 쉼을 실천하기 위한 세부 사항에 대해 아직 논의하지 않는 이유도 여기에 있다. 교회에 가고, 성경을 읽고, 소그룹에 참석한다고 모두 그리스도인이 되지는 않는 것처럼, 정기적인 쉼이 건강한 관계를 만드는 것은 아니다. 하지만 쉼이 없다면 당연히 관계는 성장할 공간 자체가 없다. 쉼이 곧 좋은 관계를 보장하는 것은 아니지만, 좋은 관계를 위한 필수 여건임에는 틀림없다.

여러 문제점도 있었지만, 다윗 왕은 하나님과의 관계를 가꾸는 데 시간이 필요하다는 점을 이해한 것으로 보인다. 그의 시편은 정직하고 간절히 하나님을 구하는 기도, 감사를 담은 찬송, 깊은 갈망, 그리고 회개의 고백 등으로 가득하다.

다윗이 하나님에 대해 그토록 아름다운 시를 지은 비결은 어디에 있었을까? 그는 필요한 만큼 충분히 시간을 들였다. 우리 마음 밑바닥에서 시의 주제와 표현을 끌어올리는 일은 현관 비밀번호를 누르거나 식사 기도를 하는 달콤

한 몇 초 안에 완성되지 않는다. 상상해 보자면, 다윗이 유대 언덕에 앉아, 또는 광야를 다니며 하나님과 함께 보낸 많은 시간들로부터 시가 잉태되었을 것이다. 양떼를 몰고 하루의 끝에 숙소로 돌아오던 그의 곁에 누가 있었는가? 늑대나 곰과 상대해야 하는 두려운 순간, 그의 뒤에 누가 있었는가? 그러한 시간들이 쌓여 시편 116편 같은 아름다운 고백이 나올 수 있었던 게 틀림없다.

> 1 여호와께서 내 음성과 내 간구를 들으시므로
>   내가 그를 사랑하는도다
> 2 그의 귀를 내게 기울이셨으므로
>   내가 평생에 기도하리로다
> 3 사망의 줄이 나를 두르고 스올의 고통이 내게 이르므로
>   내가 환난과 슬픔을 만났을 때에
> 4 내가 여호와의 이름으로 기도하기를
>   여호와여 주께 구하오니 내 영혼을 건지소서 하였도다
> 5 여호와는 은혜로우시며 의로우시며
>   우리 하나님은 긍휼이 많으시도다
> 6 여호와께서는 순진한 자를 지키시나니

내가 어려울 때에 나를 구원하셨도다

⁷ 내 영혼아 네 평안함으로 돌아갈지어다

　여호와께서 너를 후대하심이로다(1-7절).

　우리 인류가 하나님의 영광을 위해 지음받았다는 것은 놀랍고도 영광스러운 진리다. 하나님의 수많은 속성에 담긴 모든 경이를 경험하고 표현하는 것은 그의 백성에게 주어진, 매력적인 부르심이다.

　하나님과의 경이로운 관계를 실제로 경험할 때 우리는 하나님의 영광을 표현하게 된다. 하나님을 알지 못한다면 그분을 제대로 선포할 수 없을 것이다. 하나님과 함께 머물 시간이 없다면, 즉 우리가 하나님과 함께 쉬고 있지 않다면, 우리가 세상을 향해 무엇이라 고백할 수 있겠는가? "와서 주님을 만나십시오! 비록 저는 그분과 함께할 시간이 부족했지만, 제 말을 믿으세요. 주님은 놀라운 분입니다."

　소중한 사람들과의 관계도 이와 같지 않은가? 내가 아내와 집안일만 겨우 처리하고는, 함께 보낼 시간을 내지 못한다면 과연 우리 관계가 얼마나 좋을 수 있겠는가? 내가 아이들을 학교에서 축구장으로, 피아노 학원에서 수학 학원으로 태워주기만 할 뿐, 아이들과 함께 시간을 보내기 위해 다른 활동을 멈추지 못한다면, 아이들이 더 이상 나를 필요로 하지 않을 때 과연 어떤 관계로 남겠는가?

나는 내 하루 일정을 소화하는 동안 하나님과 함께한다. 그것은 마치 차로 아이들을 데려다주면서 아이들과 함께하고, 아이들을 재우러 가는 동안에도 아내와 함께하는 것과 비슷하다. 하지만 이것이 내가 하나님과 시간을 보내는 유일한 방식이라면, 하나님의 관계가 즐겁고 자연스럽기보다 기능적이고 업무적으로 느껴진다 해서 그리 놀랄 일은 아닐 것이다.

내면의 속삭임을 잠재우(지 못하)는 방법

그래서일까. 여전히 우리 내면에선 속삭임이 들려온다. 죄책감, 상처, 자책의 속삭임.

하나님 또는 소중한 사람들과의 관계를 내버려두거나 이용할 속셈보다는 건강하게 키워갈 마음이 있다면 그 속삭임을 잠재울 필요가 있다. 내가 내면의 냉혹한 비판자를 침묵시키기 위해 나름대로 시도해 본 몇 가지 방법이 있다. 실패한 방법이다!

1. 일에 몰두하기

내면의 속삭임을 잠재우는 최고의 방법으로, 정신없는 업무의 바다에 뛰어드는 것만 한 게 없다. 문제는 가끔씩 그 목소리가 수면 위로 떠오른다는 데 있다. 정신없이 일하다가 문득 내 안에서 "너는 충분하지 않아"라는 속삭임을 듣게 될 때, 나는 그 목소리를 듣지 않기 위해 더 열심히 바다에서 헤엄친다.

내가 이런 일상의 대가라는 건 쉽게 짐작할 것이다. 나의 경우, 내가 일에 몰두하는 주된 목표는 내면의 속삭임이 틀렸다는 것을 입증하기 위함이기보다는, 애초에 그런 목소리가 존재한다는 것을 잊기 위해서다. 의무에서 의무로 이리저리 뛰어다니는 동안 하나님과의 관계와 소중한 사람들과의 관계는, 내면의 속삭임을 잠재우려는 시도 탓에 외면당하고 만다.

2. 피상적인 관계 맺기

내면의 속삭임을 피상적인 해결책으로 달래 보기 위해 내가 얼마나 많은 세월을 보냈는지 아는가? 호감, 인기, 칭찬 등을 얻고자 하는 욕망은, 조급함이나 변함이 없는 사랑의 관계를 대체한다. 소셜 미디어는 깊이 있는 진솔한 대화를 대신한다. 인스타그램 속 완벽한 장면들을 보고 만족스런 미소를 지을 때 우리는 소중한 사람들과의 추억을 공유하는 이야기를 잃어버린다. 피상적인 관계는 친밀함이라는 가려움을 고통 없이 긁어 주긴 하지만, 더 깊은 곳에 자리한 근원 질병은 결코 치유하지 못한다.

3. 쉼을 남용하기

화려한 휴가, 늘어진 아침, 그리고 내 자신을 위해 돈을 쓰는 것 등은 누구라도 한두 번은 시도해 봤을 수단이다. 그것은 특별한 시간이 될 수는 있어도 하나님, 그리고 소중한 사람들과의 관계를 위한 것은 아니다. 이 세상의 재화와 서비스로 나를 채우는 시간에 지나지 않는다. 소비는 내면의 속삭임을 가릴 만큼 제법 요란한 소리를 내지만 금세 사그라든다. 그리고 우리가 자기만의 시간에 탐닉할 때, 이는 대개 소중한 사람들의 희생으로 이어진다. 그렇지 않은가?

4. 나를 비우기

동양의 영성 세계에서 명상과 침묵의 핵심은 자기 안에

서 자기를 비우는 데 있다. 요가, 마음 챙김, 명상 등을 수행할 때 사람들은 자기 내면에 아무것도 존재하지 않는다고 확신함으로써 내면의 목소리를 잠재울 수 있다고 상상한다. 보다 정확히는, 거기에 내가 있지 않다고 보는 것이다.

지금까지 언급한 네 가지로 요약되는 활동은 우리를 괴롭히는 죄책감, 자책, 상처의 끈질긴 내면의 목소리를 잠재울 수 있다고 약속한다. 그리고 한동안은, 어쩌면 꽤 오랫동안 이 약속이 이뤄지는 듯 보인다. 하지만 이런 시도들이 일시적으로 내면의 목소리를 덮을 수는 있어도, 완전히 사라지게는 못한다.

우리 내면의 깊은 곳을 통찰하시며 우리를 한결같이 사랑하시는 하나님만이 그렇게 하실 수 있다. 하나님은 우리 내면의 목소리를 끄집어내고 다른 좋은 것으로 채워 주신다. 관건은 우리가 하나님과 더불어 충분한 시간 동안 함께 하느냐에 달렸다.

쉼을 통해 하나님과 관계 맺기

다윗의 시편 속에서 우리는 관계 맺기를 가능하게 하는 쉼을 어떻게 연습할 수 있는지 실마리를 찾을 수 있다. 앞서 언급했던 우리가 흔히 저지르는 네 가지 실수 대신 이렇게 실천해 보라.

1. (일에 몰두하기보다) 은혜 가운데 쉬기

여호와께서 내 음성과 내 간구를 들으시므로
내가 그를 사랑하는도다
그의 귀를 내게 기울이셨으므로
내가 평생에 기도하리로다(시 116:1-2).

일에 몰두할수록 우리는 점점 더 스스로에게 집착하는 반면, 하나님은 자기에게로 와서 쉬라고 우리를 청하신다.

우리는 이렇게 말한다. "하지만 다 못 끝낸 걸요. 성취해야 할 일이 너무 많습니다. 아직 준비가 안 됐다고요."

그 말이 맞을지 모른다. 하지만 다윗이 이렇게 말하지 않았음에 주목하라. "제가 이토록 멋진 목자로 살게 하시니, 오, 주님을 사랑합니다." 또는 "이 나라를 별 탈 없이 통치할 수 있으니 이제야 주님을 뵈올 마음이 놓입니다." 다윗이 하나님을 사랑한 것은, 하나님이 그의 음성과 간구를 들으시고 귀를 기울이셨기 때문이다.

하나님과 함께 쉬기 위해, 우리는 일을 완수할 때까지 미룰 필요가 없다. 우리는 성취감을 가득 안고 하나님께 나아가야 하는 존재가 아니다. 오히려 하나님에게서 채워야 하는 존재다.

안정감과 성취감은 하나님과의 관계를 위해 우리가 그분에게 제시해야 할 비싼 티켓이 아니다. 관계는 하나님이 허락하시는 것이며, 우리에게 선물로 주고 싶어 하신다. 우리는 단지 하나님 앞에 나아가 정기적으로 그 선물을 누리면 된다. 다윗이 하나님을 사랑한다고 고백할 수 있었던 이유가 바로 이것이다! 다윗은 하나님이 허락하시는 관계 속으로 초대되었고 하나님께서 귀기울이시는 은혜를 경험했을 뿐, 그 무엇도 하나님께 입증할 필요가 없었다.

2. (피상적 관계가 아닌) 진실한 관계 가꾸기

여호와는 은혜로우시며 의로우시며

우리 하나님은 긍휼이 많으시도다

여호와께서는 순진한 자를 지키시나니

내가 어려울 때에 나를 구원하셨도다(시 116:5-6).

피상적인 관계는 좋은 이미지를 계속 유지해야 한다는 면에서 우리를 지치게 한다. 반면, 하나님이나 진실한 친구에게 마음을 쏟아 놓을 때, 우리는 긍휼함, 친밀함, 그리고 구원을 경험한다. 다윗이 어려울 때 하나님이 어떻게 자신을 구원하셨는지 고백하는 이 시편에서, 우리는 그가 겪었을 모욕과 수치를 짐작할 수 있다. 만일 우리에게도 모욕과 수치를 당한 사실을 누구보다 잘 알면서 변함없이 우리를 사랑해 주는 누군가가 있다면, 그 관계야말로 소중히 지켜야 하지 않겠는가.

그러한 관계는 인스턴트식 3분으로 뚝딱 만들어지지 않는다. 특히 그 대상이 하나님, 그리고 소중한 사람들이라면 더욱 그렇다. 시간이 중요하다. 우리의 귀한 시간을 최우선으로 내놓고 공을 들일 때 비로소 친밀한 관계가 시작될 것이다.

우리는 이러한 관계를 위해 지음 받은 존재다. 그러므로 진실한 관계를 위해 시간을 쏟는 것은 우리가 본성적으로 좋아할 일일 수밖에 없다. 억지로 할 일이 아닌 것이다.

의무감은 물러나고 기쁨이 그 자리를 대신하는 경험을 하게 될 것이다.

3. (쉼을 남용하기보다) 소중한 순간을 함께하기

내 영혼아 네 평안함(안식)으로 돌아갈지어다
여호와께서 너를 후대하심이로다(시 116:7).

우리 사회에서 쉼에 대한 책을 쓰는 데는 위험이 따른다. 쉼이란 그저 우리 자신에게 국한된 것이라고 생각하기가 쉽기 때문이다. 우리는 이렇게 말한다. "일단 좋은 것 좀 먹고 푹 쉬자. 그런 다음 연락이 오면 나갈지 고민해 보겠어." "난 쉴 자격이 있어. 한 주 동안 열심히 살았잖아." 이것은 성경이 말하는 안식의 쉼과 거리가 멀다. 성경은 관계로부터 멀어짐으로써 진정한 회복력을 얻는다고 말하지 않는다. 더욱이 한주 동안 뼈빠지게 일했으니 그 대가로 얻는 게 쉼이라고도 말하지 않는다.

성경은 우리에게 하나님과 소중한 사람들과의 더 깊은 관계로 들어가기 위해 쉼을 행하라고 말한다. 소중한 시간을 함께할 때 그 안에서 우리가 치유를 얻게 될 것을 약속한다.

4. (나를 비우기보다) 다시 채우기

> 사망의 줄이 나를 두르고 스올의 고통이 내게 이르므로
> 내가 환난과 슬픔을 만났을 때에
> 내가 여호와의 이름으로 기도하기를
> 여호와여 주께 구하오니
> 내 영혼을 건지소서 하였도다(시 116:3, 4).

우리는 머릿속에서가 아니라 현실에서 문제를 만난다. 동양에서 가르치는 명상은 이 세상에서 만나는 고통이 허상이라는 전제에서 출발한다. 하지만 복음은 아프지 않은 척, 아프지 않아야 하는 척할 필요가 없다고 말한다. 분명히 인생은 아프다. 다윗의 고백처럼, 우리는 죽음의 두려움을 마주하고 고통을 겪는다. 현실에서 온갖 환난과 슬픔을 만난다.

복음은 우리를 그 상태에 내버려두지 않는다. 하나님과

함께 안식의 쉼을 누릴 때, 우리는 다음과 같이 말할 수 있는 힘을 얻는다. "나는 하나님을 알아. 그 하나님이 날 건지실 것도 알아." 안식의 쉼은 정직함과 소망으로 현실의 문제를 직면하도록 우리를 채워 준다.

조급함은 관계를 망친다

다윗이 하나님을 사랑한 것은, 하나님이 그에게 귀기울이고 계심을 알았기 때문이다. 우리는 알고 있는가? 하나님이 우리에게도 귀기울이신다는 사실을. 고개를 끄덕이기는 쉽다. 문제는 정말 그 사실을 확신하는가 하는 것이다.

얼마 전, 딸아이를 울린 일이 있었다. 이 특별한 아이에 대해 말하자면, 사랑으로 훈계하고 바로잡는 데 꽤 오랜 시간이 필요하다. 이 아이는 자신의 생각을 나누고 자기 고민에 대해 털어놓길 유독 좋아한다. 이게 나한테는 상당한 문제였다. 내가 몹시 여유가 없는 때에도 굳이 '많은' 시간을 내주어야 하기 때문이다. 딸아이가 자기 마음을 털어놓고 자기를 있는 그대로 내보이는데…… 끝날 기미가 보이지 않는다. 나는 슬슬 짜증이 올라온다. 얼마 못 가 나는 더 이상 참기 힘든 지경에 놓인다.

"딸아, 아빠가 사랑하는 거 알지? 근데 빨리빨리 좀 말해 줄래?"

이렇게 말하면 안 된다는 걸 나도 안다.

아이가 금방이라도 눈물을 쏟을 것 같았다.

나는 사과했지만 이미 상처를 입힌 후였다. 아이가 말했다. "아빠는 내 말을 들어줄 시간도 없어요?"

다행스러운 소식이 있다. 나는 형편없는 아빠지만, 하나님은 훌륭한 아빠라는 사실이다. 하나님 아버지는 우리 아이들의 아빠가 저지른 온갖 잘못을 용서하신다. 우리가 우리 마음을 하나님께 쏟아낼 시간을 내기만 한다면, 하나님은 언제든 끝까지 귀를 기울이신다. 그리고 우리가 귀기울일 시간을 내기만 한다면, 하나님은 언제든 우리에게 말씀하신다.

하나님은 우리를 사랑하신다. 우리는 그 사실을 확인할 시간을 낼 필요가 있다. 하지만 우리는 하나님과의 관계를 키워 가기 위해 시간을 내야 한다고 자주 생각하고, 그것이 어떤 모습일지 상상하면서 여전히 이렇게 말한다. "하나님, 제가 사랑하는 거 아시죠? 근데 빨리빨리 좀 하십시다."

한번 더 묻고 싶다. 정말 하나님과 관계 맺길 원하는가?

아니면 하나님과 비즈니스 파트너가 되기 원하는가? 우리는 관계를 위해 지음 받은 존재다. 하나님이 그리스도 안에서 행하신 모든 일은 우리가 하나님과 친밀함을 누리게 하기 위한 목표가 있었다. 언젠가 우리는 하나님과 얼굴과 얼굴을 대하여 볼 것이며, 다시는 등을 돌리지 않게 될 것이다. 그때에는 주께서 우리를 아신 것 같이 우리 역시 그분을 온전히 알게 될 것이다(고전 13:12).

우리가 스스로에게 던져야 할 질문이 있다. 우리는 그날에 어떤 고백을 하길 바라는가? 그날의 영광스러운 대면이 그날까지 그분과의 친밀한 관계 속에서 보낸 우리 삶의 자연스러운 결과가 될 것임을 확신하는가? 아니면 그날 하나님과의 만남이 이제까지 알던 우리의 지식과 너무 현격한 나머지, 우리가 전혀 준비되지 않았음을 깨닫게 되지는 않을까? 더 나쁘게는, 이 땅에서 하나님과 동떨어진 삶을 살다가 그날에 이르러 자신이 하나님과 아무 관계도 없음을 울며 깨닫게 되지는 않을까?

물론 안식의 쉼을 행하지 않는다고 해서 구원을 잃는 것은 아니다. 하지만 하나님과 함께 안식의 쉼을 누리기 위해 애쓰지 않는다면, 시간을 공들이기가 아깝다면, 자신이 정말 구원을 경험한 적이 있는지, 정말 그분을 만난 적이 있는지 스스로에게 질문해 보아야 한다.

아버지와의 대화

하나님은 멋진 아버지다. 멋진 아버지가 있다면, 당연히 그 자녀는 아버지와 함께 시간을 보내고 싶어 한다. 여기 그 멋진 아버지와 함께 안식의 쉼을 행하도록 돕는 네 가지 질문이 있다.

첫째, 자신이 정말 하나님과 관계를 맺는 일에 관심이 있는지 스스로에게 질문해 보라. 이 질문을 생략하지 말라. 진지하게 돌아보라. 정말 하나님을 깊이 알기 원하는가? 그분의 말씀과 그분의 성령이 우리 내면의 가장 깊은 곳까지 다다르길 원하는가? 그분이 우리에게 귀기울이시고, 우리가 그분에게 귀기울이는 관계를 원하는가? 그렇다면 그러한 삶을 추구하고 우선순위에 두도록 하라.

둘째, 바쁜 삶으로 인해 하나님, 그리고 소중한 사람들과의 관계가 망가지고 있지 않은지 스스로에게 질문해 보라. 바쁜 삶에 저항하고 하나님과의 관계 안에서 쉬기 위해 오늘 어떤 결심을 해야 하겠는가? 이 질문은 날마다, 한주마다 이어지는 바쁜 삶의 리듬에 영향을 미칠 것이다. 너무 두려워하지 말라. 그 결과는 놀라울 것이다.

셋째, 내면에서 들리는 비난과 자책의 속삭임을 잠재우기 위해 어떤 건강하지 않은 방법을 사용해 왔는가? 하늘 아버지의 용서만이 그러한 속삭임을 잠재울 수 있음을 잊지 말라. 잘못된 수단이 아닌, 그분과 함께 안식의 쉼을 누리며 아버지와 자녀의 대화로 시공간을 가득 채워야 함을 받아들일 때 어떠한 변화가 일어나겠는가?

넷째, 쉴 만한 때를 기다리기를 그만두겠는가? 지금 당장 달력을 가져와 정기적으로 하나님과 함께 쉬는 시간을 어디에 넣어야 할지 생각해 보라. 하루에 몇 분, 오전에 한 시간, 한 주에 하루 등 가능한 시간을 마련해 보라. 우리가 지금까지 다룬 내용을 토대로 이 시간을 하나님과 어떻게 보낼지 적어 보라. 무엇을 할 것인가? 무엇을 하지 않을 것인가? 이 시간 중 일부를 누구와 함께할 것인가? 이러한 관계를 성장시키기 위해 무엇을 할 것인가?

내면의 속삭임을 잠재우기 위해 지금까지 동원해 온 많은 수단을 포기하려는 우리에게 보장된 약속이 하나 있다. 하나님은 우리를 만나주실 것이다. 우리는 하나님과 함께 쉼을 행하는 능력을 잃지 않았다. 그동안 얼마나 세게 문을 닫았든지 간에, 얼마나 자주 아이들을 재촉했든지 간에, 얼마나 여러 번 실패했든지 간에, 얼마나 많은 데드라인을 놓쳤든지 간에 하나님은 변함없이 귀기울이고 계신다. 하나님은 우리가 그분과 함께 쉼을 누리길 기다리신다.

우리는 쉼을 위해 지음 받은 존재다. 하나님만이 우리가 쉼을 가져야 할 이유가 되신다. 하나님은 우리와의 깊은 관계를 통해 다음과 같은 고백을 듣게 되길 바라신다.

여호와께서 내 음성과 내 간구를 들으시므로
내가 그를 사랑하는도다(시 116:1).

5
쉼은 보상을 준다

"너희 가운데서 누가, 걱정을 해서,
자기 수명을 한 순간인들 늘일 수 있느냐?"
_예수(마 6:27, 새번역)

공항에서 가장 절망적인 사람은 달리는 사람일 것이다. 그들은 보통 정장 차림을 하고 생명과도 같은 캐리어를 질질 끌며 비행기를 놓치지 않으려 달리지만, 가끔은 놓치는 경우가 있다.

나도 여러 번 공항에서 내달리는 비극을 겪었다. 그러다 놓치기도 했다.

불안은 현실이다. 그때 나는 이렇게 생각했다.

"아, 비행기 꼭 타야 하는데. 꼭 해야 할 일이 있잖아. 늦지 않는 게 중요하다고. 내가 늦으면 완전히 엉망이 되고 말 거야."

머릿속이 복잡해졌다. 혈압은 오르고, 짜증은 나고, 하나님을 믿는 나와 여전히 나 자신을 믿는 내가 또 다시 대치하고 있었다.

하지만 좌절감은 비행기를 타는 데 하등 도움이 되지 않는다. 그저 서둘러 캐리어를 끌 뿐, 비행기를 놓치는 건 어찌할 수 없다. 뛰는 사람의 처지는 그렇다.

공항에는 다른 무리도 있다. 결코 서두르지 않고 그 순간을 즐기는 듯한 사람들 말이다. 공항에서 가장 의기양양해 보이는 사람은 바로 식사하는 사람들이다.

그들은 공항 터미널 식당이나 카페에 앉아 먹고 마시고 담소를 나누거나 책을 읽는다. 그리고 누군가 숨넘어갈 듯 내달리는 비극을 창문 너머로 바라보면서 과거에 자신 또한 그랬던가 하고 돌이켜본다.

식사하는 사람들 역시 비행기를 타야 한다. 그들은 휴식을 취하면서 여행을 즐길 방법을 찾은 것이다. 여행이 그들에게 보상을 해준 셈이다. 그들은 쉴 시간을 마련함으로써 불안을 털어 냈다. 즉, 여유롭게 기다렸다가 비행기에 탑승할 시간을 확보하는 방법이 있음을 깨달은 것이다.

물론 이 비유가 완벽하진 않다. 하지만 인생이 공항이라면 너무나 많은 사람이 터미널을 내달리고 있다. 너무나 많은 사람이 '러너 모드'로 살고 있는 셈이다.

공항에서 쉴 수 있을 때 우리는 여행 자체가 주는 보상을 얻는다. 쉼은 여행의 목적지를 기대하게 한다. 공항에서의 여유로운 쉼은 목적지에 도착했을 때 얻을 것과 유사한 경험을 제공하기 때문이다. 그리스도인으로서 이 세상을 여행하는 우리가 잠시 멈추고 쉬었다 가는 곳은 하나님이다. 여행 중간중간에 하나님께로 나아갈 때 우리에겐 넉넉한 보상이 제공된다.

쉬지 않을 이유보다 큰 쉬어야 할 이유

우리가 바쁘게 살아갈 수밖에 없는 이유는 충분히 중요하고 설득력도 있다. 누구라도 수긍할 것이다. 그러니 우리가 정말 바쁜 사람이라는 걸 일단 인정하자. 하지만 그토록 바쁜 삶이라도 하나님이 쉼을 통해 허락하시는 보상을 빼앗겨선 안 된다는 것도 인정하자. 나는 가끔 이런 생각을 했다. "하나님이 내가 쉬길 바라신다면, 왜 도저히 쉴 수 없는 상황에 날 두신 거지?" 나와 쉼의 보상 사이에 놓여 있는 바쁨의 장벽에 대해 말하자면 책을 시리즈로 써도 부족하다. 그럼에도 나는 안식의 쉼이 제공하는 보상을 얻기 원한다. 하나님은 우리 모두에게 보상을 주기 원하신다. 그분은 선한 것으로 주길 기뻐하시는 아버지이시기 때문이다.

그리스도인들은 가능한 모든 세세한 것에서 하나님의 뜻을 알고 싶어 한다. 하지만 성경은 우리 개개인의 삶의 특정한 상황을 향한 하나님의 뜻에 대해 대체로 입을 다문다. 그렇기에 하나님의 뜻을 알고자 하는 우리의 탐색에 도움이 될 만한 개념을 소개하자면, 바로 하나님의 성품이다. 하나님의 뜻은 말 그대로 은밀한 가운데 있다. "누가 주의 마음을 알았느냐"(롬 11:34). 하지만 하나님의 성품은 명확하게 제시되어 있다. 그분은 정말, 정말, 정말 자기 백성을 사랑하신다. 그분은 정말, 정말, 정말 우리에게 유익한 선물을 주기를 기뻐하신다.

> 적은 무리여 무서워 말라 너희 아버지께서 그 나라를 너희에게 주시기를 기뻐하시느니라(눅 12:32).

하나님이 그분의 완전한 나라에 우리로 들어가 살게 하기를 기뻐하신다고? 하나님이 지금이나 영원토록 은혜로운 주님이라는 것을 우리로 알게 하기를 기뻐하신다고? 하지만 우리는 이러한 진리들을 믿는 데 어려움을 겪는다.

하나님이 지금이나 영원토록 우리에게 쉼을 주기를 기뻐하신다는 걸 우리는 믿기 힘들어 한다. 하나님이 우리에게 내밀한 기도의 시간은 물론이고 나른한 주말, 친구들과의 농담, 맛있는 음식 등도 주기를 기뻐하신다는 걸 우리는 받아들이지 못한다.

하지만 누가가 증거하는 예수님의 말씀을 다시 읽어 보라. 하나님은 그 나라를 우리에게 주시는 데서 기쁨을 맛보신다. 마찬가지로, 하나님이 우리에게 쉼을 주시는 것에서도 기쁨을 맛보신다는 의미로 읽히지는 않는가?

하나님은 진정한 쉼을 고대하는 우리에게 주실 선물들을 갖고 계신다. 그 중 몇 가지만 살펴보기로 하자.

기억이라는 보상

거의 매일 밤, 나는 아이들과 '특별한 시간'을 갖는다. 우리는 함께 성경을 읽고 그날 하루 있었던 일을 이야기한 후 둘 사이의 연관관계를 찾는다. 아이들이 자라면서 그 시간도 달라졌다. 어린이 성경을 읽는 시간은 이제 신학적 질문을 두고 대화하는 시간으로 바뀌었다. "하나님, 착한 마음을 갖게 해주세요"라는 기도는 영혼의 깊은 갈망에 대한 기도로 바뀌었다. 한 가지 달라지지 않은 것이 있는데, 그것은 특별한 시간을 마치기 전 내가 아이들에게 건네는 질문이다.

아이들을 향해 "넌 누구니?" 하고 묻는다.

그럼 아들들은 이렇게 대답한다. "난 하나님의 아들이에요, 아빠."

딸들은 이렇게 대답한다. "난 하나님의 딸이에요, 아빠."

인간의 영혼은 자기 정체성 문제에 있어 엔트로피 법칙의 적용을 받는다. 즉, 우리는 우리가 누군지 서서히 잊어버린다. 그렇기에 계속해서 상기시킬 필요가 있다. 2장에서 이미 다루었지만, 엔트로피 법칙에 따르면 벌써 기억하지 못할 게 틀림없기 때문이다…… 앞서도 말했지만…… 엔트로피 법칙에 따르면…… 우리가 잊어버렸을 게 확실하기 때문이다…… 아, 잊었을까 봐 말하는데, 우리는 우리가 우리 아버지와 관계를 맺도록 지음 받은 존재임을 자꾸만 잊어버린다.

각각의 네 아이와 이야기하고 듣고 연결 짓는 특별한 시간은 우리에게 기억이라는 선물을 준다. 이 선물은 우리 영혼에 스며들어 있는 엔트로피와 싸우게 한다. 그다지 훌륭할 것 없는 아빠인 내가 아이들과 쉬는 특별한 시간에 이러한 방식으로 선물해 줄 수 있다면, 하늘 아버지께서는 우리에게 얼마나 더 좋은 선물을 주시겠는가?

이와 관련해 히브리서 저자는 중요한 연결점을 제공한다. 히브리서 3장과 4장에서 그는 이스라엘 백성이 광야에서 보낸 40년을 이 세상에서 그리스도인들이 겪는 여정에 비유한다. 우리가 보았듯 이스라엘의 문제 중 하나는 그들이 하나님의 안식일 계명을 계속해서 여겼으며 그러는 와중에 자신들이 누구인지 잊었고 결국 약속의 땅에서 진정한 안식을 얻지 못한 데 있었다(히 3:11). 어디로 가고 있는지 잊어버리는 바람에 목적지까지 도착하지 못한다면, 여행을 시작한다 해도 소용이 없다. 그렇기에 히브리서 저자는 독자들을 향해 이렇게 격려, 아니 도전한다.

> 우리가 시작할 때에 확신한 것을 끝까지 견고히 잡고 있으면 그리스도와 함께 참여한 자가 되리라(히 3:14).

참 이상한 문장이다. "그리스도와 함께 참여한 자가 되리라(we have come to share in Christ)"는 부분은 현재 완료형 시제다. 이미 일어난 사실이라는 것이다. 하지만 그 다음에 조건이 달린다. 즉 "[만일(if)] 우리가 시작할 때에 확신한 것을 끝까지 견고히 잡고 있으면." 이는 미래와 관련된 내용이다. 그렇다면 이렇게 결론 내릴 수 있겠다. 우리가 마지막 날까지 신실하게 남아 있는다면, 그리스도 안에서 과거에 믿음으로 함께 참여한 우리가 안전해진다는 것이다.

그렇기에 우리는 처음 시작할 때에 확신한 것을 견고히 붙잡아야 한다. 우리는 자신이 누구인지 잊지 않아야 한다. 그러려면 어떻게 견고히 붙잡아야 할까? 잠시 멈추는 것이다. 그리고 기억하는 것이다. 시간의 공을 들여야 한다.

1장에서 나는 사탄의 영리한 계략에 대해 언급했다. 사탄은 우리가 '시간-성전'에 들어가 하나님과 쉼을 누리지 못하게 막는 데 역점을 둔다. 우리의 논의와 비슷하지 않은가? C. S. 루이스는 위대한 고전 『스크루테이프의 편지』에서 고참 악마의 입을 빌려 바로 그 계략을 소개한다.

네 환자가 원수와 정기적으로 만나지 못하게 만들기 위해 전력을 다하려무나. 삶과 사역에 바쁜 것은 정기적으로 기도하지 못하는 데 대한 충분한 변명이 될 수 있다는 점을 확신시켜라.

하나님은 우리에게 기억이라는 보상을 주길 원하신다. 그분은 이렇게 물으신다. "너는 누구니?" 우리는 잠시 멈춰 성찰하고 그분께 응답하는(그리고 스스로 되새기는) 시간을 갖고 있는가?

성찰이라는 보상

쉼 없이 일한다는 건 찬찬히 생각할 기회가 자주 없다는 뜻이기도 하다.

끝없이 반복되는 일상 속에서 우리는 일하고, 말하고, 습관을 형성해 간다. 그렇기에 때로는 뭔가 변화가 필요하다고 느낀다. 우리 삶의 무엇인가가 달라졌으면 하는 바람을 갖는다. 기도를 조금 더 하고 싶다든가, 운동을 새롭게 하고 싶다든가, 퇴근 이후 저녁 시간을 다르게 활용하고 싶다든가 하는 것들이다. 하지만 안식의 쉼을 제대로 익히지 못한 상태라면, 깊은 성찰이라는 보상을 경험해 보지 못했을 것이다.

이 세상에서 성찰은 바쁘게 일할 필요가 없는 엘리트층의 전유물과 같다. 고대 그리스의 사상가 플라톤이 언급한 철인 왕들(philosopher-kings)처럼, 일부 소수만이 한걸음 물러나서 인생, 의미, 우주 등에 대해 성찰할 기회를 누렸다. 하나님의 나라에선 그렇지 않다.

하나님은 이집트의 노예로 살던 이스라엘을 구원하셨을 뿐 아니라 그들에게 안식을 베푸심으로 쉼을 보편화하셨다. 교육 수준, 직업 유무, 재물의 많고 적음 같은 것들에 상관없이 누구라도 성찰의 시간을 누릴 수 있게 안식의 쉼을 선물로 허락하셨다. 이스라엘 백성에게 안식은 단지 거짓 신들로부터의 해방만을 의미하지 않았다. 그것은 이스라엘이 거짓 신들을 숭배하며 살아온 방식으로부터의 해방을 의미했다. 하나님은 자신의 형상을 따라 우리를 창조하셨다. 즉 하나님이 하시는 일을 우리도 할 수 있게 만드셨다는 의미다. 하나님의 형상으로서 얻는 영광 중 하나는 이 사실에 대해, 즉 우리가 그분을 어떻게 더 닮을 수 있는지에 대해 깊이 생각해 보는 성찰이라는 보상을 누리는 것이다.

성찰은 하나님이 자신의 모든 백성에게 주시는 선물이다. 그것을 받아들일지 말지를 결정하는 것은 우리에게 달렸다.

하나님을 그저 형식적으로가 아니라 진심으로 사랑한

다고 해도 그 사실이 쉼을 반드시 보장한다는 의미는 아니다. 거의 예외 없이 우리는 아침부터 정신없이 바쁘다. 아이를 학교에 데려다주고 직장에 늦지 않게 출근하고 지인 모임에 참석하며 취미 활동에도 열심을 낸다. 바쁜 일상 속에서 쫓기듯 살아간다.

교회는 당연히 출석한다. 주일 아침부터 예배와 봉사와 소그룹 모임까지 하고 나면 늦은 밤이 되기도 한다. 그렇게 하나님을 섬기며 살아가는 것에 열심은 있지만, 그 안에 성찰의 시간이 포함되기란 여의치가 않다. 하지만 정기적으로 안식의 쉼을 통해 잠시 멈춰 깊이 돌아보고 생각하는 성찰의 시간을 갖는다면 어떤 일이 일어날까? 무엇이 달라질 수 있을까?

위대한 무엇을 하게 될지는 모르겠다. 그것이 당장 우리 삶을 획기적으로 변화시키지도 않을 것이다. 하지만 단순히 멈춰 성찰하는 것만으로도 우리 삶에는 여유 공간이 생긴다. 그 자리에 임재하신 성령 하나님께서 백성된 우리에게 말씀하실 것이다. 변화는 그렇게 시작된다. 성찰은 안식의 쉼이 우리에게 보상하는 선물이다.

안전감이라는 보상

히브리서 저자는 약속의 땅에 들어갔을 때 우리의 것이 될 "안식에 들어가기를 힘쓸지니"(4:11)라고 격려한다. 나는 그 반대의 주장도 하고 싶다. 즉, 약속의 땅을 향한 여정 중에도 우리는 안식의 쉼을 가져야 한다는 것이다. 우리가 왜 힘쓰고 있는지를 기억하기 위해서다.

하나님은 이집트에서 종살이하던 이스라엘을 해방시키심으로, 이들을 온전히 구속하셨다. 이스라엘 백성은 초강대국의 노예로 살다가 고작 몇 세대 만에 지상에서 사라질 운명이었다. 아무것도 아닌 이들을 구하시고 자녀이자 백성으로 삼으신 것은 전적으로 하나님의 사랑하심 때문이었다. 이스라엘이 율법을 받기 전, 약속의 땅을 향한 여정에 나서기 전, 성막을 짓기도 전이었다. 상상하지 못했던 일이 일어난 것이다.

하나님이 율법과 성막을 주시기도 전에 이스라엘을 구원하셨다는 사실이 의미하는 바가 무엇인가?

히브리서 저자가 4장 10절에서 쉼에 대해 말하는 내용은 11절과는 상당히 다르게 들린다.

이미 그의 안식에 들어간 자는 하나님이 자기의 일을 쉬심과 같이 그도 자기의 일을 쉬느니라(히 4:10).

노예는 쉬지 않는다. 노예는 힘을 회복하고 성찰하고 하나님을 누리기 위해 연차를 낼 수 없다. 노예는 빚을 갚기 위해서건, 주인을 만족시키기 위해서건, 생계를 위해서건 일해야 한다.

그리고 우리 대부분은 노예나 다름없다. 화려한 경력을 위해, 조기 은퇴를 꿈꾸며, 또는 아이들의 성공을 위해 노예처럼 살고 있기 때문이다. 심지어 (더 나쁘게는) 하나님의 인정을 얻는 데 노예가 되기도 한다. 우리는 스스로를 입증하기 위해, 보다 많은 것을 할 수 있기 위해, 혹은 미래를 보장받기 위해 일한다.

하지만 하나님의 안식에 들어간 자마다 무언가를 입증하는 성격의 일을 내려놓는다. 일로부터 쉼을 누린다. 왜 그런가? 갑자기, 그리고 초자연적으로 안전해지기 때문이다. 우리는 이미 일로부터 구원을 받았다. 그것으로 공로를 삼을 필요가 없어졌다. 우리는 이미 하나님의 자녀로 입양되었다. 거기에 어떤 식으로든 우리의 성취가 기여한 바가 없다.

오직 자녀들만 제대로 쉴 수 있다. 오직 아이들만 애정이나 보상을 얻기 위해 수고해야 한다는 압박감 없는 안전을 누린다. 내 아이들이 하루 종일 집에서 쉬면서 내가 주는 음식을 먹고 나랑 시간을 보내기 원한다면 나는 참으로 뿌듯할 것이다! 왜 그런가? 나의 아이들이기 때문이다. 나는 내 아이들과 함께 있고 싶다. 나를 아빠로 두었기에 아이들은 내가 가진 모든 것을 값없이 누릴 자격이 있다. 사실 아이들이 눈치보지 않고 그렇게 하는 게 오히려 내 기쁨이다. 나는 아이들을 향해 '아빠 꺼'라고 부르고, 녀석들의 아버지라서 자랑스러우며, 아이들의 생각을 듣고 싶다. 아이들은 이 관계가 안전하다는 것을 알고 있으며, 그 안에서 쉼을 누린다. 하나님은 나보다 훨씬 훌륭한 아버지다.

종에게 쉼은 한낱 꿈에 불과하지만, 자녀에게 쉼은 마땅히 누려야 할 특권이다.

하나님은 우리를 종이 아닌 자녀로 부르셨다. 이것은 쉼의 복음이다!

¹⁴ 무릇 하나님의 영으로 인도함을 받는 사람은 곧 하나님의

아들이라 ¹⁵ 너희는 다시 무서워하는 종의 영을 받지 아니하고 양자의 영을 받았으므로 우리가 아빠 아버지라고 부르짖느니라(롬 8:14-15).

우리는 하나님의 가족으로 입양된 자에게 주어지는 권리와 특권을 갖고 있다. 우리가 사랑받고 있음을 알기에 안전을 확신하면서 쉬는 것은 이 특권 중 하나다. 이집트에서 구출된 공동체에게 쉼은, 이집트가 더 이상 자신들의 주소지가 아님을, 파라오가 더 이상 자신들의 신이 아님을, 자신들이 더 이상 종이 아님을 기억하는 시간이었다. 쉼은 우리가 자녀이므로 안전하다는 확신을 누리는 삶을 보상으로 허락한다. 단, 우리가 기꺼이 받으려고 할 때다.

인내라는 보상

우리 모두는 삶이라는 공항에서 내달린 경험이 있다. 예수님은 그 모든 이들 중에 달려야 하는 마땅한 이유가 있는 유일한 분이시다. 당신과 나도 성취해야 할 일이 산더미지만, 예수님이 감당하신 일에 비하면 보잘것없다. 마감 시간에 늦지 않는 것도 중요하지만, 죄인들을 위해 구원의 길을 마련하는 건 차원이 다른 문제였다. 게다가 이땅에서 마지막 3년을 남긴 상황에 그런 프로젝트를 시작하셨으니, 예수님이 불안한 마음으로 바삐 사셨을 거라고, 시간을 내어 쉬는 것은 고려조차 할 수 없었을 거라고 생각하기 쉽다.

하지만……

예수는 물러가사 한적한 곳에서 기도하시니라(눅 5:16).

무리를 보내신 후에 기도하러 따로 산에 올라가시니라 저물매 거기 혼자 계시더니(마 14:23).

이 때에 예수께서 기도하시러 산으로 가사 밤이 새도록 하나님께 기도하시고(눅 6:12).

예수님은 할 일이 너무 많으셨기에 멈추어, 아버지와 함께 앉으셨다. 왜 그러셨을까? 거룩한 쉼의 시간을 통해, 끝까지 견뎌 낼 수 있도록 인내를 보상받는다는 것을 아셨기 때문이다. 앞으로 계속 나아가고자 한다면, 우리는 계속 멈춰야 한다.

신체적으로 우리는 이미 이렇게 하고 있다. 몸이 피곤해지면 우리는 잔다. 마라톤 훈련을 해야 한다는 이유로 잠자기를 거부한다면 마라톤을 완주하지 못한다. 우리 몸이 훈련받기 위해서는 쉬어야 하기 때문이다. 그런데 우리는 왜 우리 영혼에 대해서는 이와 다르게 생각하는 걸까? 영혼이 피곤해질 때는 왜 쉬지 않는가? 예수님은 이것을 습관화하신 것으로 보인다. 우리가 주님보다 영적으로 더 건강한가?

예수님은 우리의 쉼에도 관심을 기울이신다. 처음으로 전도여행을 다녀온 제자들은 흥분이 가득한 채로 예수님께 돌아왔다. 열여섯 살에서 스무 살 가량 된 열두 명의 사내들이 스승에게 돌아와, 자신들이 경험한 기적과 치유, 그리고 귀신을 쫓은 일 등에 대해 떠들썩하게 이야기하는 장면이 그려지지 않는가? 이에 대한 예수님의 반응은 어떠했는가? "너희는 따로 한적한 곳에 가서 잠깐 쉬어라 하시니"(막 6:30-31). 제아무리 젊고 활기 넘치는 나이라 해도, 예수님은 그들이 보상을 누리기를 원하셨다. 단순히 일을 잘한 데 대한 보상이 아니라, 잘 쉼으로써 얻는 보상을.

끝까지 견디고 인내하기 원한다면 쉬어야 한다. 쉼 없

이 열심히 일한다면 단기간에 많은 걸 성취할 수는 있을 것이다. 하지만 그러다 결국 나가떨어지거나 번아웃되고 만다. 정기적으로 충분히 쉬면서 열심히 일한다면 장기간에 걸쳐 목적을 성취할 수 있을 것이다. 수십 년 걸리는 의미 있는 과업의 실행을 눈앞에 두고 있는가? 끝까지 견디기 위해 우리는 쉬어야 한다.

기대라는 보상

공항에서 내달린다고 해서 목적지에 더 빨리 도착하는 것은 아니다. 목적지 도착 시간은 정해져 있다. 우리 삶도 마찬가지다. 우리가 그 시간을 정할 수 없다(시 139:16). 그리고 그날이 이르기까지 우리는 걷고 또 달려야 한다. 히브리서 저자의 권고대로, 우리는 "안식에 들어가기를 힘써야" 한다(히 4:11). 장래에 완전하게 드러날 세상에서 하나님은 우리를 위해 완전한 안식이라는 놀라운 선물을 마련해 두셨다. 그때 하늘과 땅은 온전히 새롭게 되고 우리는 새로워진 만물과 더불어 즐거워할 것이다. 그래서 이 땅에서 누리는 쉼은 우리에게 완성(consummation)을 선물하진 못한다. 다만 기대를 품게 만든다.

쉼이 그저 노동과 노동 사이의 휴식 시간을 의미한다 해도 충분한 가치가 있다. 하지만 쉼은 이보다 더 많은 것을 의미한다. 안식의 쉼은 하나님을 위해 구별된 거룩한 시간이다. 이 땅에서 하나님과 함께 누리는 쉼은 이생 너머에서 하나님과 함께 누릴 최종적인 쉼을 기대하게 한다. 그런 점에서 쉼은 기대라는 보상을 준다. 우리가 얻고자 하는 것은 이게 다가 아니라는 외침을 남긴다. 실제로도 그게 맞다. 그렇기에 우리는 진정한 쉼을 고대하게 된다.

친구를 향한 편지에서 C. S. 루이스는 다음과 같이 썼다.

> (단순한 즐거움이나 재미와는 별개로) 모든 기쁨은 우리가 순례 중임을 강조합니다. 언제나 상기시키고 손짓하며 열망을 일깨웁니다. 우리가 가진 최고의 소유는 바로 갈망입니다.

평화로운 잠시 멈춤, 놀라운 안식, 또는 기도로 새 힘을 얻는 시간 등도 단순한 기쁨 그 이상을 맛보게 한다. 그러한 쉼은 우리가 장차 얻게 될 더 나은 것에 대한 소망을 일깨운다. 하나님의 임재 가운데 영원히 누리게 될 안식에 대한 소망이다.

물론 때로 우리에게 이 기대는 보상이 아닌 고통처럼 다가오기도 한다. 어린 시절 크리스마스를 기다리는 것은 일종의 고통이었다. 승진하는 날, 결혼하는 날, 보너스를 받는 날, 아이가 돌아오는 날을 기다리는 것은 쉽지 않은 일이다. 그러나 기다린 만큼 그날이 특별해지지 않았는가?

작가가 자신의 책에서 줄거리 구성을 어떻게 하느냐에 따라 모든 갈등이 해소되는 결말이 더 특별해질 수 있다. 우리 삶의 이야기도 다르지 않다. 하나님은 창조의 능력, 끝없는 사랑, 놀라운 은혜 등을 동원해 영원의 이야기를 쓰셨다.

그분의 독생자가 돌아와 이야기의 결말을 맺고 이 세상을 새롭게 하실 때, 우리가 그동안 실천해 온 수많은 쉼의 순간들이 마침내 완전한 의미를 찾을 것이다. 그토록 많은 쉼을 행할 때마다 우리는 삶의 방향을 조금씩 재조정했고 그래서 완전한 안식의 쉼에 다다를 수 있었다 말하게 될 것이다. 완전한 안식의 쉼 안에서 우리는 우리의 얼굴을 덮고 있던 수건을 걷고 주님을 온전히 바라보고 있을 것이다. 기대되지 않는가.

터미널에서 달리기를 멈추라

그러니 내달리는 것을 멈추라. 우리는 허겁지겁 내달리는 여행자와 같다. 우리는 인생 각 단계의 터미널을 지나는 동안 항상 무언가를 향해 달리고, 달리고, 또 달린다. 그러므로 안식의 쉼을 성실하게 실천해 간다면 우리에겐 풍성한 보상이 뒤따를 것이다. 그리스도 안에서 우리가 누구인지 기억하는 순간들을 연습하고 익힐수록 우리의 여행은 훨씬 더 좋아질 것이다. 안식의 쉼을 누리는 시간은 삶이라는 여행에 대해, 스스로에 대해 성찰하는 시간, 끝까지 견디며 인내할 힘을 회복하는 시간, 장래에 맞이할 모든 놀라운 것들을 기대하게 만드는 시간이다.

우리의 삶은 공항과 같다. 하나님의 백성인 우리는 최종 목적지인 새 하늘과 새 땅으로 들어갈 티켓을 손에 쥐고 있다. 그리스도께서 친히 값을 지불하신 티켓이다. 그러므로 좋은 여행이란, 최종 목적지를 향한 여정에서 많은 어려움을 잘 극복하고 목적지에서의 나날들을 기대하며 즐거워할 수 있어야 한다. 그런 여행이 되길 바라는가?

내달리는 것을 멈추고 안식의 쉼을 가져 보라. 쉼의 시간을 통해 얻을 수 있는 보상을 충분히 누려 보라. 그렇게 하라고 하나님이 안식의 쉼을 우리에게 마련해 주셨음을 잊지 말라.

허겁지겁 내달리는 일은 이제 끝나야 한다.

늦지 않았다. 그리스도 안에서 우리는 제 시간에 있다. 우리의 시간을 우리가 결정하는 게 아니기 때문이다. 하나님이 능력의 말씀으로 세상을 붙들고 계신다. 뭐라도 책임지고 싶어서 우리가 아무리 일시정지 버튼을 누른다 해도 하나님이 주권자 자리에서 떨어지실 일은 없다.

여행이라는 노정을 단지 최종 목적지에 다다르는 수단으로만 여기지 말라. 여행하는 동안, 최종 목적지에서의 삶을 충분히 준비하고 기대하라.

안식의 쉼은 우리에게 여러 가지 보상을 준다. 우리는 누리기만 하면 된다. 그러면 우리 마음은 이 땅에서 살아가는 동안 온갖 불안으로부터 점차 벗어나고, 다가올 장래의 세상을 경이롭게 맞이하게 될 것이다.

6
멈추기 시작하라

"어제는 지나갔다. 내일은 아직 오지 않았다. 우리에겐 오늘만 있을 뿐이다.
자, 오늘을 시작하자."
_마더 테레사

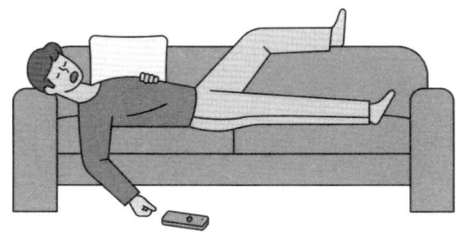

이제 멈추기를 시작해 보자. 여기까지 오는 동안 한 장 한 장 차분히 읽으며 기다린 독자에게 감사를 전하고 싶다.

혹여 대체 어떻게 쉬어야 하는지 얼른 알고 싶은 마음에 중간 내용을 건너뛰었는가? 그렇다면 굵은 베옷을 입고 재를 뒤집어쓴 채 내가 공들여 작업한 결과물을 무시했음을 회개하길 기대한다. 그런 다음 앞으로 돌아가 나머지 부분도 읽으라. 쉼의 방법만큼이나 쉼의 이유가 중요하기 때문이다.

우리가 쉼을 간절히 바라게 되는 잘못된 동기들은 많다. 게으름, 일에 대한 동기 부족, 열악한 보상 등으로 인해 우리는 쉼을 요구한다.

안식의 쉼은 여기에 해당하지 않는다. 무엇보다 하나님이 우리를 쉼을 행하는 존재로 만드셨다. 우주를 창조하신 하나님이 기쁨 가운데 쉬심으로, 하나님의 형상인 우리에게 쉼을 선물로 주셨다. 예수 그리스도도 쉼을 가지셨고,

쉼을 통해 성령님은 우리에게 말씀하신다.

뿐만 아니라 안식의 쉼을 통해 하나님은 성부, 성자, 성령 삼위의 교제 안으로 우리를 초대하신다. 우리가 이러한 쉼에 "예스"(yes)라고 답할 때, 새롭게 하시고 짐을 가벼이 하시는 그분의 복된 임재가 우리 삶과 더 나아가 우리 세상 속으로 흘러 들어오기 시작할 것이다.

지금까지 우리는 하나님이 왜 우리에게 안식의 쉼을 허락하셨는지, 또 왜 이를 실천하라고 말씀하시는지 살펴보았다. 이렇게 한 것은, 우리의 마음 밭을 갈아 쉼을 위한 새로운 아이디어와 실천이 잘 자라게 하기 위해서다. 그렇기에 쉼의 이유를 다루는 부분을 건너뛴다면, 우리는 그저 포장도로 위에 나무를 두고 자라게 하려 애쓰는 것이나 다름없다. 콘크리트를 걷어내고 나무를 심는다면 성공할 확률이 높다.

율법을 지키는 것보다 나은

내가 이 책에서 말하지 '않은' 부분이 있음을 주목하기 바란다. 나는 우리가 한 주에 하루, 그것도 주일에 쉬어야 한다고 결론 내리지 않았다. 그것은 안식일을 지키라는 하나님의 계명을 문자적으로 고수하는 방식이기 때문이다. 많은 그리스도인들이 이런 태도를 취한다는 것을 알고 있다. 나는 생각이 다르다.

우리 시대에 이르러 주일에 쉬는 것이야말로 성경 말씀에 순종하는 것이라고 누군가 확신한다면, 나는 그 견해를 존중하면서도 정중히 반대 의견을 말할 것이다. "부디 믿음이 약한 이들로 양심에 거리끼게 하지는 마십시오."

성경을 겸손하고 주의 깊게 읽은 후에, 반드시 주일에 쉬어야 한다는 결론에 도달했다면, 부디 그대로 행하라. 하지만 이 문제로 공동체가 분열되는 일은 없어야 한다. 그러한 견해를 갖고 있는 사람이라도 이 책의 내용 대부분에선 동의하고 그대로 적용하는 데 어려움은 없을 것이다.

내가 여기서 주장하려는 것은, 안식일과 관련된 율법이 그리스도 안에서 성취되었다는 것이다. 히브리서 상당 부분(3-4장)과 골로새서 2:16-17에서 이를 분명히 하고 있다.

> [16] 그러므로 먹고 마시는 것과 절기나 초하루나 안식일을 이유로 누구든지 너희를 비판하지 못하게 하라 [17] 이것들은 장래 일의 그림자이나 몸은 그리스도의 것이니라.

여기서 바울은 "안식일"을 비롯한 문제로 서로 비난해선 안 된다고 분명히 가르친다. 중요한 것은 특정한 날이 아니라 그것이 가리키는 본질이기 때문이다. 즉, 안식일은 하나님과 함께할 우리의 영원한 미래를 가리킨다.

얼마나 많은 그리스도인들이 안식일 준수와 관련해 소모적인 논쟁을 벌여 왔는지 보면 참 아이러니하다. 여기서 그 논쟁에 대해 다루려는 것은 아니다. 안식일이 예수님을 가리키는 하나의 표징이었음에도, 그리스도가 오시기 전 유대인들에게는 안식일에 아무 일도 하지 않는 것이 가장 중요하다고 판단했다.

하지만 우리가 안식의 쉼을 행할 때는 (안식일에는 일체의 노동을 하지 말라는 것 같은) 계명의 특정 문구에 얽매일 필요가 없다. 다만 이 계명이 담고 있는 지혜와 원리를 가져와 정기적으로 거룩한 쉼을 실천하면 된다.

예수님은 우리의 안식이 되신다. 우리는 언제든지 그분을 누릴 수 있다. 그리고 그렇게 해야 한다! 경계해야 할 부분은 있다. "예수님이 나의 안식이 되시므로 내가 정기적으로 안식을 행할 필요는 없어!"라는 생각이다. 그러면 우리는 과로와 분주함에 매몰되다가 예수님과는 전혀 시간을 갖지 못하는 어리석음을 범하기가 쉽다. 많은 그리스도인들이 "당신을 위해 기도할게요"라고 말하지만, 정작 해석하면 "이 문제에 대해 더 얘기하고 싶지 않아요. 어쩌면 당신을 위해 기도도 못할 수 있어요"라는 의미다. 마찬가지로 주일(혹은 토요일)마다 안식을 실천해야 하는 것은 아니라는 말이 다음과 같은 의미로 해석돼서는 안 된다. "주님과 내 시간을 나누기에는 너무 바쁘고 관심사도 너무 많고, 또 자존심이 허락하질 않네요."

우리가 자유함 가운데 누리는 안식의 쉼은 율법 준수가 아니라 사귐과 예배의 개념이어야 한다. 그렇다고 해서 쉬라는 하나님의 명령과 초대를 무시할 자유는 없다. 그렇기에 이 장 나머지 부분에서 나는 성경이 말하는 '안식의 율법'을 주해하려 하지 않았다. 그보다는 안식의 쉼에 관련한 성경에 담긴 지혜를 나누고, 이를 우리 삶에 적용하는 데 초점을 두었다.

매일, 매주, 매년

우리가 주전 400년대에 살았던 유대인이라고 상상해 보자. 어느 날 갑자기 하나님과의 사귐을 위해 시간을 갖고픈 마음이 솟아났다고 하자. 우리는 무엇을 해야 하는가? 아마도 기다려야 한다. 안식일이 아니기 때문이다. 일을 멈추고 하나님의 성소에 나아가는 데는 제약이 따른다.

예수님의 제자인 우리는 언제든지 자유롭게 하나님께 나아갈 수 있다. 구약 신자들은 상상하지 못했던 자유가 있는 것이다. 오순절 성령이 교회 안에 임하시고 나서, 하나님의 임재는 바로 지금 우리와 함께 하신다.

지금 우리는 생각하는 것 이상으로 자유롭다. 왜 그런가? 이제는 성령이 부어주시는 힘으로 일할 수 있기 때문이며, 언제든지 자유롭게 일을 멈출 수 있고 성령 충만한 사귐 속으로 들어갈 수 있기 때문이다.

내 친구가 매일 안식의 쉼을 실천하는 방식이 나에게는 영감과 도전이 되었다. 그는 한마디로 바쁜 사람이다. 빠르게 성장하는 교회의 담임목사이자, 아이를 여럿 둔 아버지이고, 재능 많고 경건한 아내의 남편이기도 했다. 목회를 처음 시작하면서 그는 맨 먼저 일주일 중 하루를 쉴 수 있게 스케줄을 조정했다. 그럼에도 약속과 약속 사이를 바쁘게 오가며 한 주를 보낸 끝에 자신을 몽땅 소진시킨 기분으로 마침내 쉴 수 있었다.

너덜너덜해진 상태로 한 주일의 끝에 쉼을 맞이하는 게 너무 싫었던 친구는 생활 패턴을 바꿔 보기로 했다. 그는 약속과 약속 사이에 자신이 기도할 수 있게 5분 정도의 시간 공간을 두기 시작했다.

　그의 삶이 달라졌다. 상담 약속, 사역자 회의, 심방 사이에 그는 5분 정도 멈춤 버튼을 누르고 기도하면서 쉼을 누릴 수 있게 되었다. 그는 하루에도 여러 번 쉼을 누리기 위해 말 그대로 일시정지 버튼을 누른다. 긴 시간은 아니지만 그는 잠깐씩 하나님과의 티타임을 즐긴다.

　친구는 나에게 이렇게 말했다. "애덤, 그것은 늘 그 자리에 준비되어 있어. 우리는 잠시 멈춰 즐기기만 하면 돼."

　내 친구가 마련한 쉼의 방식은 세대를 막론하고 많은 그리스도인들이 실천해 온 것이기도 하다. 어떤 그리스도인들은 이를 가리켜 '매일 기도'(Daily Office)*라고 부른다. 이 실천은 여러 형태로 변형되어 수도원, 동방정교회, 심지어

---

* 여기서 기도로 번역된 단어 오피스(office)는 라틴어 오푸스(opus)에서 유래한 것으로 '일'(work)의 의미가 있다. 기본 의미와 달리, 해당 용어는 하루 종일 하나님께 집중하고 하나님의 임재를 누리기 위한 매일의 경건 시간을 가리키며, 최소 하루에 두 번 이상 이루어진다.

현대 기독교에도 스며들어 있다. 이를 뭐라고 부르든 중요하지 않다. 다음 사항을 주목하기만 하면 된다. 즉, 우리가 멈추기 시작하는 중요한 첫 단계는, 하루 중 숨을 고르고 기도하고 먹고 사색하고 예배하는 데 사용할 작은 시간-공간을 마련하는 것이다. 길지 않아도 좋다.

이렇듯 쉼에 있어 매일의 실천이 중요하지만, 나는 성경이 제안하는 방식은 매주 쉬는 리듬이라고 믿는다. 구약에 기록된 율법이 그리스도인들에게 의무 사항은 아니지만, 기독교적 실천에 필요한 지혜를 얻는 데 유익하다고 생각한다. 나는 매주 하루를 정해, 보통 월요일에 쉰다. 앞서 보았듯 꼭 주일이 아니더라도 좋다. 매주마다 하루를 쉬는 리듬이 율법에 따른 규율이 아니기에 그렇게 하지 않는다 해도 죄는 아니다. 다만 일주일 단위 안식의 쉼은 창조 때 하나님에 의해 시작되고 우리에게 부여된 것이기도 하다. 매주 하루를 떼어 쉼을 행하지 않는 게 죄는 아니라 해도 건강하지 못한 리듬임에는 분명하다.

매주 하루를 쉬는 게 왜 그토록 어려운지에 대한 수만 가지 이유를 알고 있다. 전공의 수련 중이라든지, 신생아를 키우고 있다든지, 사업을 시작했다든지, 데드라인을 코

앞에 두고 있다든지 하는 많은 타당한 이유가 있으며, 이는 예외 적용 대상이 될 수 있을 것이다. 신생아를 돌보는 엄마가 아기로부터 떨어져 하루를 꼬박 쉬는 건 불가능하다. 하나님이 이러한 상황을 모르시겠는가? 모성애를 창조하신 분이 바로 하나님이시다.

그러나 예외는 진짜 예외일 뿐이다. 즉, 정기적으로 행해지던 쉼의 리듬을 일시적으로 중단한 것일 뿐이다. 우리는 시시각각 변하는 인생의 계절과 위기 속에서 융통성을 발휘할 자유가 있다. 하지만 지나치게 오래 융통성을 발휘하다가는 리듬 자체가 깨질 수 있다. 융통성을 발휘했다면 다시 매주 하루를 쉬는 평소의 리듬으로 돌아가야 한다.

그러니 일정표에서 하루를 비워 두라. 매주 하루를 쉬는 습관을 실천할 때 어떤 삶이 펼쳐질지 상상해 보라. 안식의 쉼을 익히기 위해서는, 3장에서 간략하게 언급한 바 있는, "노(No)"라고 말하는 법을 연습해야 할 수도 있다. 모든 사역 기회, 과외 활동, 사적 모임에 "예스(Yes)"라고 대답할 필요는 없다. 사람들의 평판보다 쉼을 더 중요하게 생각한다면, 그리고 우리가 일을 하지 않을 때도 하나님이 그분의 일을 하신다고 믿는다면, 소중한 것을 위해 시간을 낼 줄 아는 비상한 능력을 얻게 될 것이다.

한 가지 더, 우리는 우리가 생각하는 것보다 우리 삶에 대한 통제력이 있음을 기억하라. 우리 삶의 일정표와 할 일 목록을 지금보다 더 주도적으로 운영할 수 있다는 것이다. 지금까지 우리가 시간을 보냈던 삶의 모습을 차근차근 훑어본다면, 우리가 진정으로 원하는 것을 위해 시간-공간을 마련할 수 있을 것이다.

마지막으로 구약 성경은 안식년 같은 또 다른 리듬의 쉼에 대해서도 언급한다(예: 출 23:10-11). 우리 시대의 용어로 풀면, 휴가 또는 '안식월'이라 할 수 있다.

해마다 아내와 나는 서로 떨어져 다른 곳에서 시간을 보내곤 한다. 그 일은 우연히 시작되었다. 함께 여행을 떠나려다 나의 일정이 급작스레 변경되어 며칠 동안 혼자 있게 되었다. 그 며칠은 내 인생에서 드물게 의미 있는 시간으로 새겨졌다. 그 이후로 우리는 해마다 최소 한번, 아내와 내가 홀로 떨어져 지낼 수 있는 시간을 내기 위해 노력한다.

우리 삶에서 의도적으로 혼자가 되어 느긋하게 성찰할 시간을 가지려면 어떻게 해야 하는가? 아이들이 잠든 후에

밤 시간을 따로 마련해야 하는가? 배우자에게 하루 휴가를 주는 건 어떻겠는가? 안식의 쉼을 위한 시간-공간을 마련하기 위해 상상력을 발휘해 보라.

매일, 매주, 매년 정기적으로 안식의 쉼을 갖는 리듬은 쉼의 예술을 부단히 연습하고 다듬을 때 비로소 일상 속에 안착할 수 있을 것이다. 그러면 여기서 다음 질문을 던져야겠다. 그 시간에 대체 우리는 무엇을 해야 할까?

어떻게 쉬어야 하는가

나는 결혼생활 동안 자주 반복되었던 대화, 즉 쉬는 날 무엇을 해야 하는가에 대한 논쟁 이야기로 이 책을 시작했다. 이 대화는 항상 나에게 스트레스를 주곤 했다. 아내는 "그냥 쉬고 있으면 안 돼요?"라고 말할 테고 나에게 이 말은 뭘 해야 할지 모르겠다는 의미로 다가왔다. 고맙게도 내가 어떻게 작동하는 유형의 사람인지 깨닫기 시작하면서 아내는 나를 배려할 수 있었다. 아무 일도 하지 않는 시간에 대체 무엇을 할지 고민하는 독자들도 있을 것이다. 아래에 몇 가지 아이디어를 제시해 두었다. 그 중에는 앞에서 이미 다룬 내용도 있다.

잠자기

우리의 몸은 쉴 필요가 있다. 우리 대부분은 잠을 충분히 자지 않는다. 불면, 수면 부족 등 역사상 이제껏 고민한 적 없는 문제 해결을 위해 산업계 전체가 나서고 있다. 베개, 매트리스, 수면제, 백색소음기, 아로마테라피 등 숙면을 위한 산업 규모는 현기증이 날 정도로 거대하다. 아마도 이러한 현상은 신체적으로 타고난 문제라기보다는 현대 사회에 흔한 과로 문제와 더 관련되어 있을 것이다.

쉬는 날에는 잠을 푹 자라. 낮잠을 자든, 늦잠을 자든, 아니면 그냥 일찍 자라. 우리가 깨어 있지 않는다고 해서 세상이 무너지지 않는다. 좋은 낮잠은 하나님의 섭리에 대한 신뢰의 행위일 수 있다. 다윗에게도 잠은 그런 의미였던 것 같다. "내가 평안히 눕고 자기도 하리니 나를 안전히 살게 하시는 이는 오직 여호와이시니이다"(시 4:8).

읽기

아침 일찍 일어나 주님과 보내는 시간은 달콤하지만 늘 충분하지가 않다. 언제나 아이들은 일어나고 언제나 하루 일과가 시작되며 어느 순간 나는 성경책을 덮어야 한다.

살아오면서 한두 시간 동안 홀로 앉아 신약 복음서 한 편을 통째로 읽어 본 적이 언제인가? 성경 공부를 위해서가 아니라 그저 위대한 저자의 작품을 감상하기 위해 성경을 읽은 지 얼마나 오래 되었는가? 쉬는 날에는 성경을 연구한다기보다는 성경을 경험하기 위해 본문 속을 누비는 귀한 시간을 가져 보라. 어쩌면 우리는 관행적으로 성경을 훑고 있었을지 모른다. 화석화 된 관행에 다시 생명력을 불어넣는 기회가 될 수 있다.

기도하기

매일 말씀 읽는 시간이 충분히 길다고 느껴지지 않는 것처럼, 매일 드리는 기도 역시 충분히 깊다고 느껴지지 않는다. 안식의 쉼은 우리가 평상시에 할 수 있는 것보다 더 많이 기도하면서 하나님과 대화를 나눌 멋진 기회다. 이런 날이면 나는 기도 산책을 즐긴다. 이 시간에 내 생각과 마음을 하나님께 쏟아놓는다. 쉼 덕분에 내가 이렇게 할 수 있었듯, 당신 역시 그렇게 할 수 있다. 독자들 중에는 이미 매일 풍성한 기도 생활을 누리는 사람도 있고, 그렇지 못한 사람도 있을 것이다. 안식의 쉼은 우리가 그 안에서 성장할 공간을 마련해 준다. 예수님은 일로부터 물러나 기도하기 위해 시간을 따로 떼어놓으셨다. 그렇다면 우리 역시 그렇게 해야 하지 않겠는가?

성찰하기

생각하기 위해 시간을 내본 적이 있는가? '묵상하다', '살피다', '되돌아보다' 등 성경에서 이 활동을 묘사하는 단어는 다양하다. 이 모든 표현은 성급한 의사 결정이 아니라 사려 깊은 의사 결정을 가리킨다. 성찰하는 한 가지 방법으로 글쓰기가 있다. 나에게 일기 쓰기는 성찰을 돕는 유용한 도구다. 분명 일기 쓰기는 우리의 생각, 감정, 행동을 돌아보는 데 도움이 된다. 쉬는 날 자신의 삶을 돌아볼 여유를 가질 때 믿음으로 삶을 재조정하고 생명력으로 다시 채울 수 있다. 왜 그런가? 우리가 나아가야 할 곳에만 몰두하다 보면, 우리가 거하고 있는 곳에 대해 하나님께 감사할 기회를 놓치기가 쉽기 때문이다. 성찰은 하나님이 행하신 일에 대한 감사와 하나님이 하실 일에 대한 신뢰를 키우는 데 초점이 있다.

취미 개발하기

취미(avocation)란 우리의 본업이 아니면서도 즐겨 하는 일을 말한다. 나에게 취미는 내 손으로 직접 무언가를 만드는 것이다. 목사인 나는 대부분의 시간 동안 내 생각, 내 언어, 내 신앙으로 무언가를 만든다. 그러나 쉬는 날 나는 내 손으로 직접 만드는 일에서 만족감을 얻는다. 꼭 해야 할 일을 하지 않아도 될 때, 우리는 무엇을 하고 싶은가? 그것이 바로 내가 말하고자 하는 취미 활동이다. 하나님은 멋진 세상을 만드셨으며, 우리가 그 세상을 누리는 것은 하나님을 예배하고 찬양하는 한 가지 방법이다(딤전 4:4-5). 하나님은 우리가 누리는 것을 지켜보시길 기뻐하신다.

놀기

취미와 마찬가지로 놀이(recreation) 또한 활동이다. 그러나 취미와 달리 놀이는 순전히 재미를 위한 것이다. 취미라면 뭔가 제대로 된 작품을 만들어야 하고, 놀이라면 그냥 이어 붙이기만 해도 된다. 취미와 놀이 사이에 겹치는 부분이 있긴 하지만, 놀이는 뭔가 재미있는 활동을 해서 노동으로부터 벗어나는 것을 의미한다. 놀이(recreation)라는 단어는 문자적으로 "새롭게 하다"를 의미한다. 놀이를 통해 이루어지는 거룩한 쉼은 분명 우리에게 그러한 일을 해야 한다. 개운한 몸과 마음으로 다시 일터로 돌아갈 수 있도록 우리를 새롭게 해야 한다. 우리 하나님은 유쾌하시고 즐거움과 생명력이 충만하신 분이다. 우리를 좋아하시는 하나님은 우리가 즐겁게 노는 것 보기를 좋아하신다.

먹기

나는 하나님이 음식을 만드신 게 얼마나 다행스러운지 모른다. 그 선물이 얼마나 지나칠 정도로 좋은지 생각해 보라. 하나님은 우리가 먹긴 먹지만 맛보지는 못하게 창조하실 수도 있었다. 하나님은 우리 몸을 엽록소로 채워 광합성을 하게 만드실 수도 있었다. 하지만 하나님은 우리에게 음식이라는 놀라운 선물을 주셨다. 그러니 쉬는 날에는 음식을 즐기라. 쉬는 시간에는 다른 여러 사람들과 함께 식사를 나누라. 온통 삶에 대해 회의적이었던 전도서 저자조차 먹고 마시는 것이 무엇보다 훌륭한 선물이라는 데 동의한다.

[24] 사람이 먹고 마시며 수고하는 것보다 그의 마음을 더 기

쁘게 하는 것은 없나니 내가 이것도 본즉 하나님의 손에서 나오는 것이로다 ²⁵ 아, 먹고 즐기는 일을 누가 나보다 더 해 보았으랴(전 2:24-25).

노래하기

이 책을 읽는 독자 모두가 음악에 재능이 있지는 않겠지만, 그래도 노래는 부를 것이다. 혼자 차에 있을 때나 샤워를 할 때, 집안일을 할 때 그렇지 않은가? 노래를 멋지게 부르지는 못하더라도 우리 모두는 흥얼거릴 줄은 안다. 일주일에 한 번 우리 가족은 피아노 주위에 모여 노래한다. 옛 청교도 가정처럼 우리는 찬송가를 펼쳐 함께 노래를 부른다. 어느 때는 새로 나온 CCM 앨범을 틀어 놓고 어떤 제약도 없는 댄스파티를 연다(아이들은 언제나 이 시간을 좋아한다). 우리 영혼은 노래하도록 지음 받았으며, 성경은 우리에게 다음과 같이 명령한다.

² 그에게 노래하며 그를 찬양하며
   그의 모든 기이한 일들을 말할지어다
³ 그의 거룩한 이름을 자랑하라

여호와를 구하는 자들은 마음이 즐거울지로다

⁴ 여호와와 그의 능력을 구할지어다

그의 얼굴을 항상 구할지어다(시 105:2-4).

물론 이밖에도 우리는 쉬는 동안 다른 많은 활동을 할 수 있다. 이러한 이유로 안식의 쉼은 규율이라기보다는 예술에 가깝다. 익히고 연습해야 한다. 분주함으로부터 일단 멈추기 시작하면 더 잘할 수 있으며 그로부터 더 많은 것을 얻을 수 있다.

이제 무엇을 할 것인가

이제 우리 손에는 모든 분주함을 내려놓고 쉬기 위한 청사진이 있다. (다음 마지막 장을 읽는 것 외에) 남은 일은 이 새롭고도 낯선 형식의 예술을 받아들이는 것이다.

쉬어야 할 이유에 대해서는 이제 명확해졌길 바란다. 우리 문화는 일하기를 멈추지 않을 것이며, 우리 문화가 숭배하는 거짓 신들은 요구하기를 멈추지 않을 것이다. 하지만 우리에겐 완전히 다르고 더 나은 이야기가 주어졌다.

일곱째 날에 하나님은 세상에 안식을 만드셨다.

하나님은 예속된 하나님의 백성에게 끊임없이 일하도록 강요한 파라오를 물리치셨다.

인간의 몸을 입고 세상에 오신 하나님은 우리가 복을 얻기 위한 모든 수단을 내려놓고 그분으로부터 용서받았음을 깨닫게 하셨다. 우리는 단지 용서받기만 한 게 아니라 그분의 성령으로 충만해지고 그분의 환대 받는 가족이 되었다.

하나님은 각종 종교적인 규율과 자기를 입증하려는 달음박질로 지친 우리를 향해 와서 쉬라고 손짓하신다.

지금까지 수많은 사람들이 다양한 민족, 언어, 인종으로부터 나와 하나님의 초대에 응답했다. 초대에 응답한 사람들은 저마다 그리스도인의 삶을 영위하며 안식의 쉼을 실천하는 것으로도 응답했다. 이제 남은 건 우리의 선택이다.

이 책을 끝까지 읽고 나서 잊어버리면 그만이다. 설교를 듣고 나면 보통 우리 모두 그렇게 하지 않는가?

설교를 들으면서 우리는 이렇게 생각한다.

"꽤 괜찮은 말씀이네요."

"그 부분에 대해 뭔가 느끼는 게 있어요."

그러나 저녁 식사를 마칠 때쯤 우리는 까맣게 잊어버린다. 이 책에 대해서도 얼마든지 그럴 수 있다.

하지만 또 다른 선택지가 남아 있다. 안식의 쉼을 제대로 시작해 보는 것이다. 작은 것부터 변화를 모색해 보는 것이다. 마음과 생각을 변화시켜 하나님이 우리를 초대하고 계심을 그려 보는 것이다. 이 초대에 응하려면 우선 적은 부분이라도 일을 멈춰야 한다. 여기에는 위험이 따른다. 돈을 적게 벌 수도, 기회를 놓칠 수도 있다. 낡은 차를 몇 년 더 몰아야 하거나 평점 높은 식당을 덜 가야 할 수도 있다. 아이들의 학원을 줄여야 할 수도 있고, 다른 사람들의 따가운 시선을 받아야 할 수도 있다.

나는 이러한 위험을 감수할 가치가 충분하다고 확신한다. 우리 모두가 그런 확신을 가졌길 바란다.

시간. 우리가 시간을 어떻게 사용하는지가 그것을 말해 줄 것이다.

거룩한 쉼이 값진 보상을 줄 것이라고 정말 확신하는지 시간이 말해 줄 것이다.

그리고 모든 것을 마치는 날 보게 되겠지만, 우리가 하늘나라를 얼마나 사모했는지도 말해 줄 것이다.

나가는 글

플로리다에서 얻은 교훈

> 세상은 엄청 바쁘게 돌아가고, 많은 곳에서 견고했던 기초를 잘라 내고 있다.
> 세상은 사람들의 마음을 혁명으로 들뜨게 만들거나, 혁명에 대한 기대로 무
> 질서하게 만든다…… 그래서 사람들은 세상이 전부인 것처럼 살고 말하지만,
> 상대적으로 세상은 아무것도 아니다.
> _존 오웬, 1681

나는 햇살이 눈부신 플로리다 주에서 자랐다. 지금 와서 돌이켜 보면 그곳은 약간 이상한 곳이었다. 플로리다 주를 이상하게 만든 건 그곳 주민들이 아니라 손님들이었다.

플로리다에 오는 사람들은 크게 두 부류로 나뉜다. 휴가를 즐기러 온 사람들과 은퇴 이후의 삶을 시작하러 온 사

람들이다. 플로리다의 한 구역은 리조트, 티셔츠 상점, 테마파크, 식당으로 구성되어 있다. 이 구역은 관광객을 위한 곳이다. 다른 한 구역은 외부인 출입 제한 주택가, 보트, 고급 자동차 대리점, 골프장 등으로 구성되어 있다. 이 구역은 은퇴자를 위한 곳이다. 이 두 부류 사이에 교집합을 이루는 부분이 많지 않지만, 딱 하나를 꼽을 수 있다. 바로 두 부류 모두 쉼을 얻으려 한다는 것이다.

많은 사람들이 인생의 마지막을 보내고 싶어 하는 곳에서 인생을 시작한 경험은 나에게 쉼에 대한 흥미로운 관점을 허락해 주었다. 내 이웃 중 많은 수가 돈 많은 은퇴자들이었다. 그들을 보면 분명해지는 사실이 있었다. 과하게 일하며 인생을 보내면, 노후에 과하게 보트를 타고 과하게 먹으며 과하게 골프를 칠 수 있다는 사실이었다. 내면의 속삭임을 덮으려는 것도 이 때문일 것이다.

조기 은퇴를 꿈꾸며 애쓰다가 그만 첫 가족을 희생양 삼은 많은 은퇴자들은 보다 고요한 순간이 찾아오면 지난날을 후회한다고 말할 것이다. 고요한 순간에 홀로 있게 되면 많은 사람이 과연 그때도 정말 그만한 가치가 있었는지 의문을 품을 것이다.

평생 쉼 없이 일에만 몰두했던 삶의 마지막을 제법 많이 지켜본 나이기에 확신을 가지고 말하는데, 그렇게 살 가치가 없다. 그것은 엄청난 비극이다. 우리는 50년 동안 매주 50시간씩 일하는데, 이 모든 노력 끝에 얻는 것은 골프를 치거나 휴가를 떠나거나 외식을 하는 것 정도다.

인생의 황금기에 과로로 혹사당한 몸과 제대로 가꾸지 못한 영혼으로 고통 받는 것은 아이러니이자 비극이 아닐 수 없다. 이러한 비극은 지옥에서는 만족하고 천국에서는 애도하게 만든다.

하지만 세상이 강요하는 삶의 방식이 바로 이렇다. 우리는 과로의 바다에 빠져 허우적대면서도, 만족할 수 없는 데서 쉼을 얻으려 하고, 영원하지 않은 것을 위해 삶을 헌납한다.

끝없이 일하길 요구하는 세상에서 사람들은 잠시라도 그런 노예생활로부터 벗어나고 싶어 한다. 그래서 우리는 천국에 대한 희미한 이미지를 흉내낸 엉성한 모조품을 잠시라도 맛보기 위해 수천 달러를 들여 플로리다 같은 곳으로 우리 자신을 끌고 간다.

그리스도인들은 이렇게 살 필요가 없다.

그리스도 안에서 우리는 또 다른 세상, 즉 의미와 가치를 새롭게 하는 쉼을 위해 다시 태어났다. 예수 그리스도의 소유된 우리에게 주어질 미래는 일하지 않고 호사만 누리는 곳도, 맡은 일을 감당해 내느라 분주한 곳도 아니다. 이 둘과 다르면서 더 좋은 미래가 분명하다.

쉼의 방향이 될 미래

이 땅에서 어떻게 쉬는지는 장래의 세상에서 우리가 무엇을 기대하는지를 드러낸다. 내 지인들 중에는 멋진 집에서 살고 휴일이면 골프를 치고 보트를 타다가 나이들어 죽길 바라는 사람이 많다. 그렇게 사는 게 재미는 훨씬 있다. 하지만 앞으로 올 삶에 비하면 순간이다. 하나님의 완전한 세상에서 우리에게 주어질 삶은 훨씬 의미 있고 풍성하다. 그곳은 안식의 쉼이 영원토록 이어지는 삶이다.

창세기의 저자는 홍수가 물러나고 노아와 그의 가족이 방주에서 나온 후 하나님이 약속을 주셨다고 말한다.

> 땅이 있을 동안에는 심음과 거둠과 추위와 더위와 여름과 겨울과 낮과 밤이 쉬지 아니하리라(창 8:22).

다른 말로 하면, 이 땅에 존재하는 동안에는 계절의 변화가 멈추지 않을 테지만 그에 따른 우리의 일도 결코 멈추지 않을 것이다. 하나님이 이러한 질서를 따라 삶이 작동하도록 하겠다고 언약의 약속을 주셨기 때문이다.

우리가 또다시 대홍수를 염려할 필요가 없음을 아는 것은 좋지만, 결코 중단되지 않을, 씨를 뿌리고 거두는 일, 즉 우리 자신과 사랑하는 이들의 필요를 위해 끊임없이 일해야 한다는 사실이 그리 기분 좋게 들리진 않는다.

우리는 정해진 날에 월급을 받고 카드 값을 지불하고 출근을 하고 퇴근을 하는 단조로운 삶으로부터 벗어나고 싶어 한다. 하루라도 빨리 쳇바퀴에서 벗어나기를 꿈꾸며 아침 식사를 거르고 진한 커피로 잠을 쫓고 스트레스를 견디며 야근을 반복하는 일상을 견딘다. 일을 잠시라도 내려놓을 수 있는 휴가는 꿀맛 같은 쉼을 선물한다. 그러나 우리 하나님은 이보다 훨씬 나은 것을 꿈꾸게 하신다.

[1] 또 내가 새 하늘과 새 땅을 보니 처음 하늘과 처음 땅이 없어졌고 바다도 다시 있지 않더라 [2] 또 내가 보매 거룩한 성 새 예루살렘이 하나님께로부터 하늘에서 내려오니 ……

²² 성 안에서 내가 성전을 보지 못하였으니 이는 주 하나님 곧 전능하신 이와 및 어린 양이 그 성전이심이라 ²³ 그 성은 해나 달의 비침이 쓸 데 없으니 이는 하나님의 영광이 비치고 어린 양이 그 등불이 되심이라 ²⁴ 만국이 그 빛 가운데로 다니고 땅의 왕들이 자기 영광을 가지고 그리로 들어가리라 ²⁵ 낮에 성문들을 도무지 닫지 아니하리니 거기에는 밤이 없음이라(계 21:1-2, 22-25).

끝없이 단조롭게 이어지는 일의 쳇바퀴를 궁극적으로 멈추게 하는 것은 무엇인가?

새로워진 하늘과 땅이다.

장차 하나님의 백성이 맞이할 새 하늘과 새 땅에 대한 요한의 묘사에 따르면, 진부했던 삶의 리듬은 중단될 것이다. 하지만 우리가 기대하는 방식으로는 아니다. 주위의 그리스도인들에게 물어보면, 그들은 대부분 새 하늘과 새 땅이 영원히 쉬는 곳이라고 말할 것이다. 길은 온통 금으로 포장되어 있고, 모두에게 대저택이 주어질 것이고, 우리는 느긋하게 즐기기만 하면 된다는 것이다. 좀 더 밝은 플로리다 같은 곳인 셈이다. 대부분의 묘비명에도 그렇게 쓰여 있지 않은가? "편히 쉬소서(Rest in Peace)."

하지만 놀랍게도 요한은 우리의 종말론적 목적지를 조용한 은퇴자 마을이 아닌 거대한 도성으로 묘사한다. 새롭게 된 세상에서 하나님은 완전한 영광 가운데 임재하실 텐데, 이곳에는 왕들(어떤 형태로든 통치가 이루어짐), 열린 문(사람들의 왕래와 이동이 잦음), 어린양을 예배하기 위해 하나가 된 열방, 죽음에서 부활하신 주 예수님 등이 있다. 이곳에는 온갖 활동, 부르심, 의미 있는 노동, 친밀한 관계가 가득하다.

이 도성은 에덴동산에서 시작되었다가 비극적으로 끝난 하나님과 인류의 완벽한 동거에 대한 완전한 성취로 보인다. 첫 인류에게 주어진 고유한 부분으로서 일은(창 1:28), 이곳에서도 분명 없어지지 않을 것이다. 그러나 우리는 안식할 것이다. 우리는 여전히 일을 하고 또한 쉼을 경험할 것이다.

이곳에서의 쉼은 어떤 느낌일까? 여전히 우리에게 주어진 일을 제대로 감당하면서 그 안에서 안식의 쉼을 행한다는 것은 무엇으로 형용할 수 있을까? 각자에게 주어진 부르심을 따라 아름다운 정원을 가꾸고, 예산의 균형을 맞추고, 교향곡을 작곡한 후 만족의 긴 숨을 내쉬는 기쁨을 상상할 수 있겠는가? 그렇게 쉼을 누릴 때 하늘 아버지께서 어깨 너머로 우리를 향해 미소 지으시는 것을 상상할 수 있겠는가? 그것이 바로 새 하늘과 새 땅에서 우리가 누리는 쉼의 한 장면이다.

하지만 새 하늘과 새 땅에서 우리가 누릴 미래의 쉼은 그것이 전부가 아닐 것이다. 그곳에서 펼쳐질 쉼은 "어린 양의 혼인잔치"와 함께, 즉 성대한 축하 연회와 함께 시작될 것이다(계 19:9). 우리는 어린 양을 찬양하기 위해 보좌 주위에 모일 것이다. 모든 종족과 언어를 가진 수많은 사람이 우리와 함께 그분의 얼굴을 마주보고 찬양할 것이다. 생각만 해도 정말 멋질 것 같지 않은가?

나는 우리의 일이 하나님 안에서 누리는 평강, 소중한 사람들과 함께하는 행복, 주위의 모든 복된 것들로부터 오는 기쁨 등으로 점철되는 것을 상상한다. 그곳에서의 쉼은 완전한 예술로 승화될 것이다.

완전한 쉼이 장래에 나타날 특징이라면, 현재 우리가 누려야 할 쉼도 그래야 하지 않겠는가? 똑같지는 않더라도 최소한 그 방향으로 나아가야 하지 않겠는가?

쉼은 선물이다. 우리가 지음 받은 목적을 기억하고 맛

보게 해주는 선물이다.

쉼은 예술이다. 예수님이 이 땅에 계시면서 하나님과 나누었던 완벽한 시간을 우리 개인의 삶에서 표현해 내는 아름다운 예술이다.

쉼은 믿음이다. 우리가 이 세상을 위해 지음 받지 않았음을 알기에, 멈출 줄 모르는 세상에서 잠시 멈추기를 선택하는 믿음이다.

하늘의 예술을 연습하다

예수님은 우리에게 "나라가 임하시오며"라고 기도하라고 가르치셨다(눅 11:2). 기도할 때마다 우리는 "예수님, 좀 빨리 와주세요"라고 기도할 뿐 아니라, "하늘나라의 문화, 관습, 가치관이 지금 우리 삶에서 드러나고 이를 통해 우리가 자유함을 얻게 하소서"라고 기도한다.

"나라가 임하시오며"라고 고백할 때, 우리는 '이미'와 '아직' 사이에 있는 하나님의 나라가 '이미'는 늘어나고 '아직'은 적어지길 기도한다.

그런 면에서 우리는 하늘의 예술을 연습하고 누리면서 이로부터 유익을 얻기 시작할 수 있다. 물론 부분적으로만 가능하겠지만 점차 많이 누리게 될 것이다.

쉼의 예술을 익혀 가는 동안 우리에게 확보되는 시간-공간은 새로운 방식으로 하나님과 관계를 맺을 기회를 제공한다. 즉 쉼의 예술을 제대로 익힐수록 우리는 하나님과 함께 일하는 것에 대해서도 관심을 갖게 될 것이다. 그분과 함께 쉴 뿐 아니라 그분과 함께 일하는 것이다.

일정이 꽉 차 있을 때 우리는 하나님과 대화하는 온전한 시간을 내기가 어려울 수 있다. 그러나 그분과 함께 일하는 것을 배워 간다면, 하나님은 후딱 해치우는 큐티와 기도로는 얻지 못했던 방식으로 우리에게 말씀하시고 우리를 인도하시며 새롭게 하실 것이다.

우리는 하나님이 탁월한 구주이지, 노예를 혹사시키는 주인이 아님을 신뢰해야 한다. 장래의 세상에서 번아웃은 사라지고, 불안은 박물관에서나 볼 수 있게 되며, 스트레스는 더 이상 쓰이지 않는 단어가 될 것이다. 우리가 선택만 한다면, 장래에 누릴 쉼에 대한 종말론적 비전을 오늘 하나님의 임재 안에서 경험할 수 있다.

그러니 매일, 매주, 매년 하나님의 임재를 연습하기 위해 시간의 성전으로 들어가라.

복음과 쉼

우리에게 복음이 소중하다면, 쉼 역시 그렇게 여길 것이다.

만일 주님을 위해 구별된 안식의 쉼을 새롭게 받아들이기 시작한다면, 개인적인 삶의 변화뿐 아니라 건강함을 잃어가는 교회의 갱신과 선교의 동력 모두를 회복할 수도 있다. 더 많은 프로그램, 더 많은 자원봉사, 더 많은 활동이 언제나 목회와 복음 증거의 답이라는 고정 관념도 변화를 가져올 수 있을 것이다.

하루를 떼어내어 쉬는 것은 우리 중 일부가 선교를 위해 할 수 있는 가장 효과적인 일일 수 있다. 가정과 교회에서 천상의 문화를 창조할 때, 우리는 매력적인 반문화를 만들 수 있다. 아직 믿지 않는 세상이 와서 그들이 실제로 원하는 것을 보게 될 것이다. 쉼의 예술을 실천함으로써 우리는 복음 안에 있는 하나님의 평강을 구현할 수 있다.

사람들에게 천국에 대해 이야기하는 것만으로는 충분하지 않다. 사람들은 천국을 보길 원한다. 당신과 내가 일에 중독된 세상에 매력적인 대안을 제시하고자 한다면, 우리는 그에 대해 말할 뿐 아니라 그대로를 삶으로 보여줄 수 있어야 한다. 우리는 진정한 쉼을 누릴 줄 알아야 한다.

열심히 일하고 행복하게 쉬다

그러니 스트레스에 찌든 엄마여! 녹초가 된 형제여! 힘없이 무너지고 있는 봉사자와 격무에 시달리는 직장인이여! 항상 더 많은 일을 하는 게 정답이라고 여기는 목회자와 멈추지 않기 위해 고군분투하는 그리스도인이여! 나와 함께 멈추자. 나 역시 아직 안식의 쉼을 완벽히 연주하기에 부족하지만 정말 중요하다는 사실만큼은 잊지 않으려 노력한다. 나는 처음으로 바이올린을 배우는 어린아이처럼 계속해서 활을 들고 현을 조율하면서 이 생소한 몸짓에 익숙해지는 법을 배울 것이다. 그렇게 해야 하는 이유가 무엇일까?

연습하면 나아지기 때문이다.

물론 쉽지 않다는 것을 안다.

인생살이가 고되다는 것을 안다. 하지만 그리스도인이기에 고생하며 살 만한 가치가 있지 않은가?

안식의 쉼은 성부께서 허락하시고, 성자께서 새롭게 하시며, 성령께서 뒷받침하시는 선물이다. 그러니 쉼의 예술을 정기적으로 연습하며 그분이 하신 일을 기억하는 법을 배우자. 우리에게 믿음이 있으니 일시정지 버튼을 누르는 용기를 내보자.

쉬는 데 있어 나는 아직 부족한 면이 많다. 아마 마지막 날까지도 그럴 것이다. 하지만 나는 이 세상이 새롭게 되는 날까지 부지런히 연습하고 싶다. 기쁘게 일하고 행복하게 쉬는 삶을 소유하고 싶다.

하나님은 장차 임할 마지막 때를 위해서만 우리를 구원하신 게 아니다. 하나님은 지금 우리를 불안하게 만드는 고역으로부터 구원하시기 위해서도 은혜를 베푸셨다. 그리고 그 은혜는 우리에게 충분하다. 우리는 그 은혜를 얻기 위해 할 수 있는 게 없다. 다만 받아 누릴 수 있을 뿐이다.

나를 믿으라. 아니, 더 나아가 그분을 믿으라. 안식의 쉼을 연습하는 당신을 위한 넘치는 은혜가 준비돼 있다.

<참고문헌>

- Walter Brueggemann, Sabbath as Resistance: Saying No to the Culture of Now (Westminster John Knox Press, 2014). 『안식일은 저항이다』(복있는사람).
- C. S. Lewis, The Screwtape Letters (HarperOne: reprint edition, 2015). 『스크루테이프의 편지』(홍성사).
- Arnold Kling, The Three Languages of Politics: Talking Across the Political Divides (Cato Institute, 2017; first edition self-published, 2013).
- Peter Scazzero, Emotionally Healthy Spirituality: It's Impossible to be Spiritually Mature, While Remaining Emotionally Immature (Zondervan, 2014). 『정서적으로 건강한 제자』(두란노).
- Judith Shulevitz, The Sabbath World: Glimpses of a Different Order of Time (Random House, 2010).